Idea.

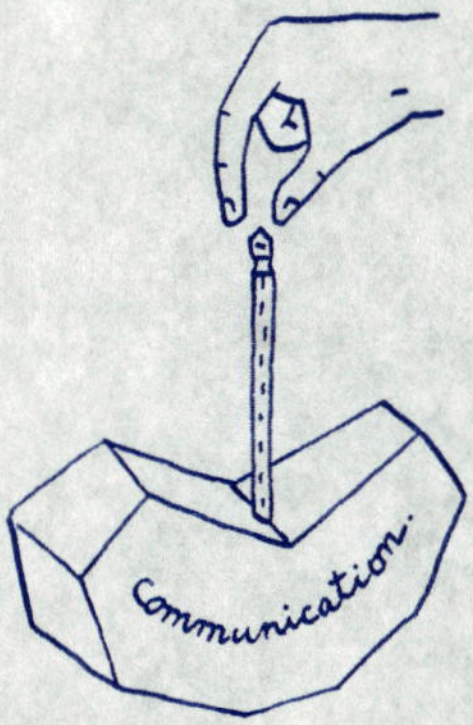
Communication.

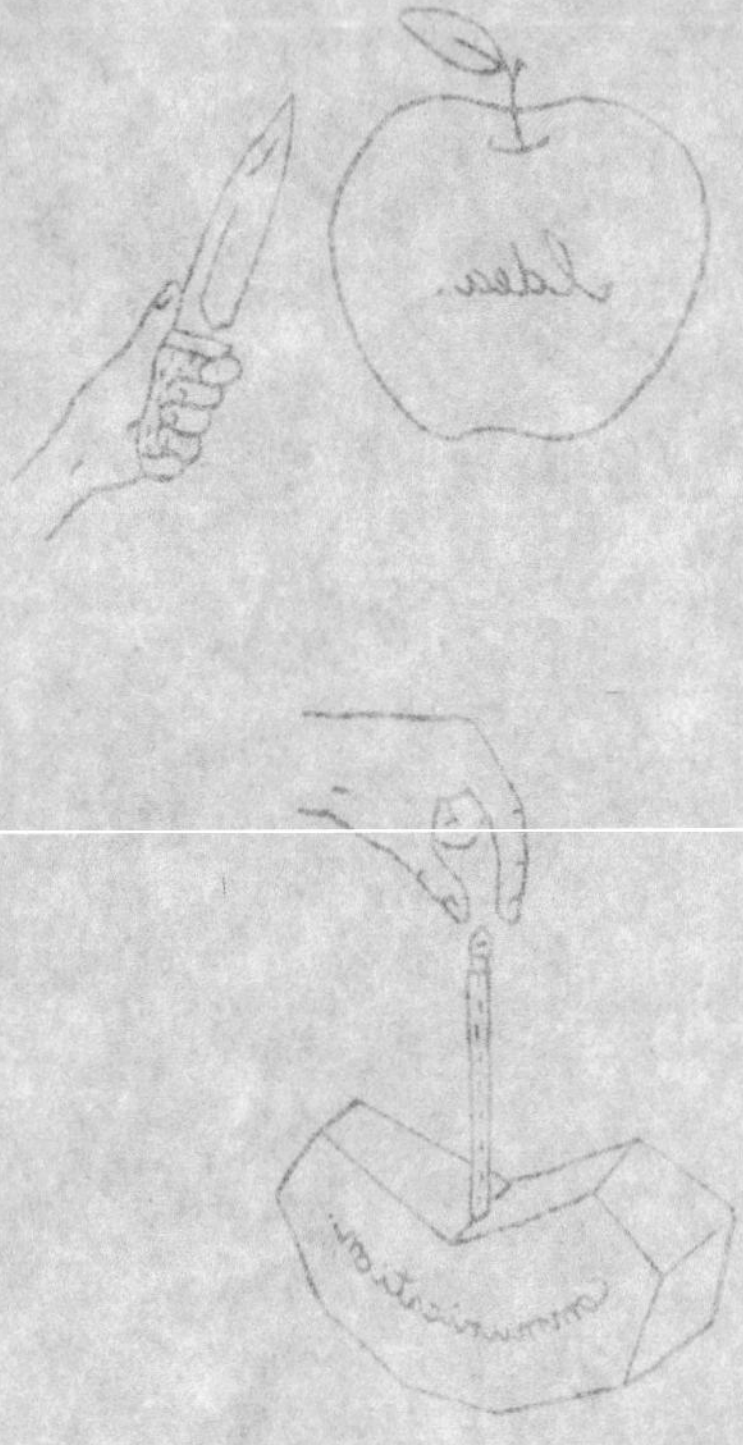

ここらで広告コピーの本当の話をします。

はじめに

コピーライターって、何

先日、あるクリエイティブディレクター（広告制作の責任者）と、最近の若者は成功イメージの基準が低すぎないかなあ、といったオヤジ臭い話になりました（そう、僕らオヤジは世代論が大好きです！）。僕の主宰している広告学校で、若い受講生たちに

「年収いくらだったら、フリーランスのコピーライターとして成功したと言えるだろうか？」

とアンケートを採ったら、６００万円とか７００万円とか、３００万円などと言うのです。

そのクリエイティブディレクターと「それならアルバイトとか普通の会社員と変わらんじゃないか、ねえ」などと若者たちの野心の低さを嘆いていたら、僕の隣で23歳のアシスタントが、

へヘン、と鼻で笑うではないですか。

そのヘヘンな態度に、こいつは僕の前ではいつも無口だけど、事務所の若いスタッフの前では意外に「おれコピーライターのイチローになってみせますよ」なんて言っちゃうイケイケらしいことを思い出して、

「君ならいくら？」

と聞きました。そうしたら、

「そっすねー、僕なら、1千万ッスね！」

と思いっきりのドヤ顔。

……僕は彼が得意げに突き出した下唇を見ながら頭が痛くなってきました。コピーライターのトップ獲ってそれかい……。コピーライティングって、そんなに価値の低い仕事と思われているんですか？


一般的に、コピーライターとは、「商品や企業を宣伝するため、広告に使用する文言（コピー）を書くことを職業とする人」とされています。

これまで、多くの若いコピーライターと仕事をしてきました。彼らの半分は、コピーを書く

ことの報酬を手間賃のように考えています。誰かから指示されたとおりに作業して、「これでいいですか？　じゃあ作業料ください」と。そしてあとの半分は、コピーの報酬を旦那衆からのご褒美と考えています。「おれには書きたいことがある！　それが気に入ったらお駄賃ください」と。

どちらも間違いです。広告主（クライアント）はバイト先のオーナーでも画廊のパトロンでもありません。そしてコピーライターは御用聞きでも孤高のアーチストでもありません。

言葉で商品の価値が上がる

僕は大学を出てすぐ博報堂に入社し、12年ほどコピーライターをやって独立。その後は主にクリエイティブディレクターの肩書きで働いてきました。プレイステーション、キリン一番搾りなどのわりと大きなキャンペーンが代表作です。広告業界に入ってからそろそろ30年。お付き合いした企業は100社を超えているかもしれません。

僕が職業にしてきたコピーライター／クリエイティブディレクターとは何をする人なのか。

それは、

商品をいじらずに、言葉を使って商品の価値を上げる人

と言えましょう。魔法みたい？　そうですね、ある意味、魔法使いのようなものかもしれません。言葉は魔法です。エロイムエッサイム。ちょっと古い？


みなさんは、コピーライターやクリエイティブディレクターの仕事を、企業や商品の内容を〝伝える〟ことと思っていたかもしれません。実はそんな単純なことではないんです。〝価値が上がるように伝える〟のが仕事なのです。

〝価値が上がる〟ことをやるから、それに応じた報酬がいただけるのです。


そもそも広告の役割とはなんぞや。

それは、

モノとヒトとの新しい関係を創ること

です。

だから広告制作のことを広告「クリエイティブ」というんです。アーチストがアートを創ったり、神様が天地創造したりするのもクリエイティブでしょうが、広告のクリエイティブとは企業や商品と生活者との関係をCreateすることを指します。

「言葉を使ってモノとヒトとの新しい関係を創り、商品や企業の価値を上げる」のが、広告コピーによる広告クリエイティブということです。

ここにコピーライティングの本質があり、基本があります。

「価値」とは絶対的なものではなく、相対的なものです。価値は人によって異なる、その人が決める、ということです。

たとえばみなさんが今、読んでいるこの本。この本の読者はまず若手コピーライターまたはコピーライター志望者を想定していますが、彼らが自分にとって役に立つと気づかなければ、あるいは、どのように役に立つのかがわからなければ、この本の価値はまだゼロのままに過ぎません。もしWEBサイトや書店のポスター、POPなどでこの本の広告を見た彼らが「なるほど自分にとって役に立ちそうだな」と感じたら、その広告コピーは本来の正しい機能を果たしたことになります。若手コピーライターとこの本の関係性をそこで創り、価値を高めてくれたわけです。

企業、とりわけ**BtoC（個人顧客相手）企業の課題は常に生活者との関係性にあります。**この関係がうまくいっていれば、つまり生活者が「この企業の商品は自分がお金を払って買う価値がある」と感じる関係が創られ、保てればビジネスは維持されるわけです。

その基本的な構造の中で、企業と生活者の関係を新しく創造したり、改善したりするのが広告クリエイティブであり、それを言葉によって成し遂げるのがコピーライティングです。

広告コピーは広告キャンペーンの要であり、企業コミュニケーション全ての要でもあります。商品戦略、企業戦略の全てがそこに凝縮されています。大きなマスキャンペーンともなると、年間数億円、数十億円がかけられることもありますが、その成否はコピーにかかっていると言っても過言ではありません。

コピーライターはますます重要な職種に

もう一度まとめます。広告クリエイティブの役割は

「モノとヒトとの関係を創る・改善する」
そして
「企業や商品の価値を上げる」。

コピーライターはそれを言葉によって実現します。

昨今、メディアの構造がどんどん変わっていく中で、様々なマーケティング手法が登場してきています。広告クリエイティブに携わる新しい職種もたくさん登場し、なんだかコピーライターは時代遅れの「ついて来られてない人たち」といった感すらあると思います。

でもそれは間違い。

コピーライターが背負う部分は表層的なテクニックのパートではなく、本質的な、コミュニケーション活動全ての根っこです。新しいも古いもないところです。

広告業界がどんどん変動し期待と不安が交錯する中、それをしっかり支え導くのはコピーライターです。今後ますます重要な職種となるはず。しかしそれをコピーライターが自覚しないと始まりません。

ここらで、そこの整理をもう一度、そもそものところからやり直す必要があるように感じています。そもそもコピーって何なの。そもそも広告クリエイティブって何なのか。その役割を担うのが自分でいいかどうかはわかりませんが……（宣伝会議さんがいいと言うのでいいのでしょうきっと）。

若手コピーライターやコピーライターを志望する人たちが、コピーの役割、コピーライターの存在価値を正しく理解してくれるようにこの本を書きました。

もちろん、広告会社の営業さん、クリエイティブ、クリエイティブ以外の部署の方、広告主、さらには社会人の誰が読んでも役に立つ本です。

「そもそも広告コピーとは」をいっしょに考えることで、広告コミュニケーションの本質をよく掴むことができると思うからです。

ではまず第一章で、「広告コピーって、こういうことでしょ」という皆さんの思い込みを正すところから始めましょうか。

目次

はじめに

第一章　そもそも広告コピーって何

第二章　コピーを「考える」

第三章　そもそも広告って何

第四章　コピーを書く「姿勢」

第五章　コピーライター人生とは

第一章　そもそも広告コピーって何

広告として〝成立する〟コピーと
広告として〝成立しない〟コピー

僕の主宰している広告学校第7期の第1回講義で、受講生たちの前に水の入ったグラスを置きました。

「この水のコピーを書いて。5分ぐらいで」。

受講生たちは一斉にメモ帳やスケッチブックを取り出して、ペンを片手に書き始めました。

（……アウト）

僕は心の中でつぶやきました。

5分後、受講生に一人ずつ自分の書いたコピーを読ませましたが、僕はそれに対していちいち講評をしませんでした。だって、まともなコピーが書けるわけないんだもの。

なぜなら、コピーのオリエンテーション（こういうコピーを書いてください、という依頼）

を受けて、すぐさまコピーを書き始めるというのが、まず間違い。

彼らは

コピーを書くときの最も大切なことがわかっていないんです。

実際に書かれたコピーは、以下のようなものでした。

・たのむ、片手よ、震えるな。
・喉を鳴らせ、リフレッシュせよ。
・朝起きた。水がない。
・風呂前に一杯飲むだけで、肌の調子が違います。
・あなたが起きたら、お腹も起こそう。
・誰かの生命力。
・緊張したときこの一杯、the np. Water

（僕が代表を務めるクリエイティブ会社名は no problem と言います。略して np.）

・砂漠にいたら母より大切な存在かもしれない。

・イヤなことを洗い流してキレイを保存で問題ない。No problem water

・二日酔い、ベッドの横にあると嬉しい。

・喉を通る。

・社員を大切にする会社は水がおいしい。

・よ、ひさびさ。

・失敗をかえりみずな人からは、芽がでませんよ。

こういったコピーを、僕は「大喜利コピー」と呼んでいます。「水とかけて、何と解く？　えー、『たのむ、片手よ、震えるな』と解きます。その心は？　最初の講義で緊張しているあたしの気持ちがコップを持つ手に出ちゃいました、という表現でやんして……」と。

はあ。まあ、君の気持ちはわかったよ。それで、そのコピー見て、この水を買いたくなる人がどこかにいるかね？

講義では、彼らのコピー？　を一通り聞き終えた後、僕は問いただしました（かわいそうだけど僕はかなり意地の悪い人間ですんで！）。

「君たちはなぜコピーを書き始める前に『これはどのような水ですか』と質問しなかったの？」

受講生はコピーライターになったばかりの若手か、コピーライターを目指している人たち。半分が社会人、もう半分が学生。社会人の中には大手の広告会社に勤めている人もいます。少なくとも世間一般より広告コピーに興味のある、あるいはそれを仕事にしている人たち。それなのに、こちらの発言の意味が理解できずにぽかんとしている。これはかなり憂うべき状況と言えます。

コピーを書く時の大事なこと。

まず、そのうちの一つ。

〝商品〟の広告コピーは成立するが、〝カテゴリー〟の広告コピーは成立しない

グラスに入っている水だから、飲み水であることには間違いない。でもこの水は、水道水なのか、ミネラルウォーターなのか、天然水なのかＲＯ水（不純物のほとんどを取り除いた水）なのか、水素水（水素ガスを含む水）なのか。そして、どの企業が販売している水なのか？　そういった**商品の具体的な情報、競合商品との違いがわからない状態で広告コピーは書けません。**

僕は『サントリー天然水サーバー』の広告制作をクリエイティブディレクターとして担当しています。これは「水」「ウォーターサーバー」という〝カテゴリー〟に属す、具体的な情報や競合商品との違いを持った〝商品〟です。コピーを書くときはその具体的な情報や競合商品との違いに基づいて書きます。「水とは〇〇である」といったコピーを見てこの商品を買う人はいません。

あなたは人間というカテゴリーに属しています。だからといって自己紹介するときに「人間とは〇〇である」という話をするでしょうか？　しませんよね。自分独自のこと、他の人との違いを意識して話すはずです。「水とは」といったコピーを書くのは自己紹介で「人間とは」

を語るのと同じです。

〝カテゴリー〟でコピーを書いてしまうと、
見た目「それっぽい」だけの中身のないものにしかなりません。
広告コピーとしては成立していないのです。

「のどが渇いたら、すぐ潤そう」などというのは飲料カテゴリー全般のコピーと言えます。もしこれがサントリー南アルプスの天然水のコピーに採用されたとして、商品は売れるでしょうか？　コカ・コーラ社のファンタのコピーに採用されたとして商品は売れるでしょうか？　キリンの午後の紅茶のコピーに採用されたとして商品は売れるでしょうか？　「他の競合商品と比べて、これを飲む方がいいよ」というメッセージになっているでしょうか？　いかにカテゴリーのコピー発想が無意味か、わかってもらえるでしょうか。

企業は予算をかけ、自社に利益をもたらすために広告を制作し、コピーライターにコピーを依頼します。そして企業はカテゴリーを売りたいのではなく、商品を売りたいのです。

「牛どん」という商品は存在しません。それはカテゴリーです。「吉野家の牛どん」という商品なら存在します。

「タブレット」という商品は存在しません。それはカテゴリーです。「iPad」という商品なら存在します。

「セブンカフェ」を売るために「コーヒー」のコピーを書いて広告しても売れません。もしその「コーヒー」広告がものすごく人々の心を掴んで、コーヒー大ブームが巻き起こり、スタバのコーヒーも自販機のコーヒーもドリップ式コーヒーもコメダコーヒー店のコーヒーも名もなき喫茶店のコーヒーも日本中のコーヒーが売れたとしましょう。でも、その広告予算を出すためにセブンイレブンを説得するのは大変そうです。

例外もありますよ。

たとえばロンドンオリンピックでは民放TV局が「ニッポンに、エールを」という「オリンピック」カテゴリーのコピーを共通で使用していました。まず「オリンピック」というカテゴリーが盛り上がらなければ「フジテレビのオリンピック番組」や「日本テレビのオリンピック番組」という個別の商品が観られることもない、という理屈でしょう。このように、カテゴリー活性ありきでなければ商品も盛り上がらない、というケースがあります。トヨタの「免許を取ろう」キャンペーンも、若者の車離れに対する危機意識から出て来た、「クルマ」カテゴリー活性化を目的としたものでしょう。

また、圧倒的シェア1位の企業にとっては、カテゴリー＝商品となります。理屈の上では、そういう商品のコピーはカテゴリーコピーでもかまいません。輸入酒の関税引き下げが行われる前、ウィスキーと言えばサントリーでした。その頃のサントリーはウィスキーというカテゴリーのキャンペーンをしていればよかったのです。「ウイスキーの中には、俺の独立国がある」「私、会社なんて酔わなきゃ行けません」などなどウィスキーを飲む気分を高めるコピーを発信していた背景にはそういうことがあります。ＪＲ東海の「そうだ京都、行こう。」は、「京都の旅」というカテゴリーのことを言っていて、「東海道新幹線で行く京都の旅」という商品コピーには見えません。しかし、関東に住む人にとって京都の旅と新幹線で行く京都の旅はほぼイコールなのです。

さらに特殊な例としては、健康食品やサプリなどの場合に、薬事法の制約により商品コピーで効能を直接表現できないという時。商品に使われている素材や全体のカテゴリーを商品に紐付けない形で広告したりPRしたりすることがあります（ちなみに2015年以降、薬事法の表現制約は緩和される方向になっています）。

以上のようなケースでカテゴリーコピーが成立することはありますが、やはりレアケースであり、応用であると思っていてください。

商品の具体的な情報、競合商品との違いをしっかり押さえないでコピーは書けない、ということがまず理解できたでしょうか。

先ほどから「商品としての具体的な情報、競合との違い」という言い方をしていますが、これはマーケティング用語でUSP（Unique Selling Proposition）と言います。直訳すると「独自の売りの提案」。一般的には**「競合優位性」**と訳されます。

商品自体に競合商品と比べた時の優位性があればターゲット（想定顧客）を探しやすくなるし、関係性も作りやすくなります。間違えてはいけないのは、このUSPはただの特徴ではないということ。あくまで競合商品ありきの優位性です。これは後でまた詳しく述べます。

コモディティ化とハイコンテクスト

ここまでお話しして、あなたはこう思ったかもしれませんね。「小霜さん、ちょっと待ってよ。海外の広告って、商品の差ってそんなに気にしてないんじゃないですか。たとえばロンドン・ソチオリンピックで話題になったP＆GのテレビCMとか、他のメーカーでも成立しますよね。USPってそんなに大事なんですか」と。

P＆Gがロンドン・ソチオリンピックのタイミングに世界で流した「母の愛」というCMは、スポーツをがんばる子どもたちを献身的に支える母の姿を描いたもので、どんな素晴らしいオリンピック選手も母のがんばりによってここまで来られたんだ、という内容です。メッセージは、〝The hardest job in the world, is the best job in the world. Thank you mom（世界で一番大変な仕事、それは最高の仕事です。お母さん、ありがとう）〟〝P&G proud sponsor of Moms（P＆Gはママの公式スポンサー）〟というもの。確かにこれは、別にP＆GでなければできないCMではありません。競合優位性はどこにも見えません。日本企業なら花王でもできるし、東京ガスも近いコンセプトのＣＭを流しています。確かにこのような、一見ＵＳＰのない広告は海外で多いと言えます。

さて、日本でプロの広告クリエイターとして働くなら、知っておくべきことがあります。まずは**「コモディティ化」**という言葉。たとえばAppleのスティーブ・ジョブズがiPhoneを開発し、世に送り出しても、すぐに別の似たようなスマートフォンが開発され市場に出まわります。つまりどんな新しい技術もたちまちキャッチアップされ製品の差がなくなってしまう、現在グローバルで起きている事象を指します。ハイブリッド車はトヨタだけの独占ではなくなりました。洗濯用洗剤はどんな会社の製品でも白くきれいになりますよね。どこかの会社だけ特別に汚れが落ちる、なんてことは無いわけです。いまやほとんどの商品が機能による差別化ができず「コモディティ化」しています。だから、これからの広告は商品の優位性を伝えるよりも、企業の理念や社会貢献への共感を重視すべきだろう、といった流れが一部であります（「マーケティング３・０」と呼ばれることもあります）。

しかし、「コモディティ化」以上に知っておくべきなのは、**「ハイコンテクスト」**という言葉。

コミュニケーション・意思疎通をはかるときに前提となる言語、体験、価値観、考え方などが非常に近いという意味です。そして、**日本は海外に比べてハイコンテクスト文化である**、ということ。そのベースには、日本は民族性、経済力、文化度などが近い人が集まっているということがあります。

僕はあまり身だしなみにこだわらない方で、お風呂周りも全て妻が買ったものをそのまま使っています（「嫁シャン」てヤツですね）。しかしスーパーに行くとシャンプーの種類の多さに驚きます。石鹸系、アミノ酸系、ノンシリコン系……。価格もまちまち、それがさらに細分化されていて無数の商品が小さいシェアを分け合っている状態です。それは、日本の女性をターゲットにした場合、この微妙な違いで競合と張り合える価値がつくれるということなんです。それぞれのターゲットによって、微細なこだわりが価値を持つ商品はたくさんあります。だから、日本の広告ではUSPとターゲットという考え方が基本中の基本になっているんです。

よく、暗黙の了解とか、ツーカーで通じるとか言いますが、これは、微妙な差異が価値を持ちやすいことを意味します。日本語の二人称では〝お前〟〝君〟〝あなた〟などで意味は変わりますよね。その微妙な意味の差を使い分けている。英語は〝You〟だけ。それどころかアメリカなどでは、英語がわからないタクシー運転手すら普通にいます。そんな状態では、小さな差異が価値を持ちにくいんです。

ヨーロッパも旧植民地からの移民がとても多く、日本に比べるとハイコンテクストの反対、ローコンテクストな社会と言えるでしょう。そういった地域の広告は、毎日を楽しもう、愛って素晴らしい、子どもを大事にしよう、など人類全部に共通するような普遍的なメッセージをベースにしながら「とにかくこれが最高」「とにかくこれ買っとけば間違いない」という、大ざっぱな突き抜け感がないと、ごく一部の人にしかメッセージが伝わらず広告として機能しにくいのです。

それから、海外の広告には、USPの解釈を変えていこう、大きな視点で捉えよう、とする動きもあります。

たとえば2014年度のカンヌライオンズ国際クリエイティビティ・フェスティバルでは、ハーベイニコルズというイギリスの高級百貨店が〝Sorry I Spent It On Myself〟というキャンペーンで賞レースを席巻しました。クリスマスシーズンに、爪楊枝や輪ゴムという、1円とか10円とかのものをギフト商品として用意し、「ごめん、自分にお金つかっちゃった」というメッセージの入ったパッケージで包装したのです。そして、それを贈られる家族の様子をCMにしました。ギフトは完売したそうです。おそらく、まずこれを渡して、その後で「嘘だよーん」とかやったんじゃないでしょうか（そうでなければさすがに場が凍り付くかと）。この場合のUSPはいわば「センス」です。クリスマスを盛り上げてくれるセンスがこの百貨店にはあるよ、ということです。

さて、ここまででUSPについての概念は理解していただけたと思います。ただ「はじめに」でも書いた

コピーという言葉を使って企業や商品の価値を上げる

には、これではまだ足りません。いったい何が足りないのでしょう。

誰が買ってくれる可能性があるか

次に僕は、彼らに質問をしました。

「このグラスに入っている水は、仮に普通の水道水だとしよう。じゃあ、このグラス一杯の水道水を、わざわざお金を出して買ってくれる人はいるだろうか？　いると思う人は手を挙げて」。

ほぼ全員が手を挙げる。

「じゃあどういう人が買ってくれるだろうか？」

と続けて質問したところ、一人が答えました。

「東京の水道水はおいしいという評判があります。地方在住の人で、飲んでみたいという人がいるかもしれません」。

そう！　この発言に重要なヒントがあるんです。

それは、**いったい誰が買ってくれる可能性があるか、という「ターゲット」の概念**です。

彼の発言は「ターゲット」の概念そのものです。東京に住んでいて、いつでも蛇口をひねれば水が出る、という人にとって、水道水の価値は低い。でも、TV番組などで東京の水道水が採り上げられた後とかならば、数十円なら地元の水道水と飲み比べてみたいと思う地方在住の人はいるかもしれない（実際に東京都の水道水は「東京水」という商品名で都庁などを中心に販売されています）。

ターゲットの概念に気づくと、どんどん発言が出てきます。

「砂漠で飲み水が尽きた人なら高く買ってくれるかも」

などなど。

現実には、そこまで都合の良いターゲットを探すのは難しいですが、まずは理想から出発して、現実にあてはめていく順序で考えましょう。買ってくれそうな人を探すのは商売の基本ということです。そして広告、マーケティング、コピーライティングの基本でもあります。

このデジタル時代の中で、FUJIFILM『チェキ』の売上げがV字回復しています。ミニポラロイドのようなものですが、これ、どういう人たちが買っていると思いますか？　その層の一つが、〝新人アイドル〟周辺です。音楽のビジネスモデルも様変わりしていて、いまは収益源を音源よりも物販に頼るところが多いです。新人アイドルの場合、その中のひとつがファンとの生写真。複製ができない1枚限りの写真というのがちょうど都合よく、こんなところに大きなターゲットが潜んでいたのです。

そしてどんな商品も、探せばそれを求めている大きなターゲット層は存在するものです。

思うに、若手コピーライターやコピーライター志望の受講生たちは、頭が悪いわけでもやる気がないわけでもありません。広告やコピーについて誤解しているだけなのです（大喜利コピー、ダメ、絶対）。

誰でも少し〝ツボ〟を押してやればコピーの本質を探る力はあると思います。

そのツボが**〝USP〟**と**〝ターゲット〟**ということです。

自分が広告しようとしている〝モノ〟（＝商品）はいったい何なのか。他の競合商品とどう違うのか。それを〝どんなヒト〟（＝ターゲット）に売るべきなのか。これはコピーを考える上での基本中の基本。算数の「九九」のようなもの。知らなければどんな方程式も解くことはできません。

モノの〝価値〟とは、ヒトとの関係性で決まる

大事なことなので2回言います（笑）。

もし、いま、あなたの目の前に僕が現れて、

「このグラス一杯の水道水、百円で買いませんか？」

と言ったら、あなたは蔑むような眼で、

「頭だいじょうぶですか？」

って言うでしょう。

でも、もし、あなたが砂漠で遭難して飲み水が尽きていたら、1万円出してでも買ってくれるんじゃないでしょうか。

普段はバスを使う人も、暑い時、疲れている時、急いでいる時は高いお金を出してでもタクシーを使おうと思います。

これが価値というものです。価値とはモノとヒト（の置かれた状況）の関係性で決まるのです。『チェキ』のケースもそうですよね。

日本で最初のコピーライターは「エレキテル」を完成させたことで有名な平賀源内だと言われています。彼が「土用丑の日」を普及させたのは広く知られています。もともと鰻は冬に脂が乗るので夏にはほとんど食されなかったんですね。それで困っていた鰻屋から相談を受けて、彼は「夏バテ防止に鰻を」というキャンペーンを展開したわけです。

ターゲットは「夏バテしている人」。USPは「他の魚と比べて鰻は精が付く」。といったところでしょうか。このキャンペーンが「夏に鰻を食べるとよい」という新しいモノとヒトとの関係をクリエイトしてしまったわけです。

メルセデスがベンツCクラスの本体価格を数十万円引き下げ、399万円で売り出したことがありました。これは広告会社の提案によるものだそうです。なぜ広告会社が商品の値段を変えるのか？　と思いますよね。

「メルセデス・ベンツCクラス　日本発表　399万円から」というニュースタイトルは、立派な広告コピーです。それまで「自分には縁がないよ」と思い込んでいた人たちに、「もしかしたら手が届くかも」と気づかせたのですから。そういうやり方もあります。それも立派なコピーライターの仕事です。もう一度言いますが、モノとヒトとの関係性を創り出すのが広告クリエイティブであり、コピーライターの役割なのです。

この章の冒頭で、若者たちがいきなりコピーを書き始めたのを見て僕が（アウト）と思った理由。

・商品としての具体的な情報、競合との違い〝USP〟
・その商品を買ってくれそうな〝ターゲット〟

この2つがそろわないと、広告のコピーを書くことはできません。だから、広告制作の依頼やコピーの課題があっても、すぐに机に向かってコピーを書く、というのはダメなんです。その前にまず、この2つをじっくりと調べ、どうやって関係性を創るかを考えないといけないんです。

あとはこの〝価値〟をどうやって最大化するか、ということ。

その方法を次でお話しいたします。

「キャッチフレーズ」と「タグライン」

先ほどの、砂漠で飲料水が尽きた時なら1万円でも水道水を買うよね、という事例。たとえとしてちょっと非現実的過ぎたでしょうか。

では、こういうのはどうでしょう。昨今は異常気象もあってか、夏になると熱中症で亡くなる子どものニュースをよく耳にします。僕の息子が通う中学でも、運動中や通学中に倒れるケースが時々あるようです。でも熱中症は重篤でない場合はめまいや吐き気、頭痛がしている段階で水分補給すれば回復するそうです。一杯の水が命を救うことがあるのです。

ならば、スーパーのレジに何らかの容器に入った水が置いてあって、

「熱中症対策に！　すぐ飲める常備水を、お子様の鞄に」

などというPOPが貼られていたら？　百円ぐらいなら買っていくお母さんいるんじゃないでしょうか。

僕はこの「常備水」という考え方、悪くないと思っているんです。もし使うことがなかったとしても、持っているだけで「熱中症には気をつけないと」という意識付けになるはずですから。水筒を持っていてもいいけど、オシャレとか、ちょっと違う意識になりそうです。

中身はただの水道水と同じ。でも、「常備水」というコピーによって、いままでとは違う価値を持つ商品になることができるわけです。コピーで商品の価値を上げるとはたとえばこういうことです（ちなみに水道水を本格的な経口補水液にしたい場合は水1リットルに砂糖大さじ4と1／2杯、塩小さじ1／2杯を溶かして作るといいそうです）。

さて、広告コピーとは何か。

こういう言い方もできます。

広告コピーとは、価値が最大化されるように商品を「定義付け」するもの。

先述の事例でいうと、容器に入ったただの水道水を、「子どもの熱中症対策常備水」と定義しているわけです。

言葉でそのように定義したから、お母さんは初めてこの水の新しい価値に気づきます。言葉がなければ、おそらく気づくことはないでしょう。それまで彼女にとってほとんど価値はなかったということ。コピーの役割とは、そういうことです。

この「定義付け」に特化したコピーを「タグライン」と呼びます。

「タグライン」は、よく商品ロゴの上に置かれていたりするコピーです。これは広告の一番目立つ場所に置かれる「キャッチフレーズ」より遥かに重要なものです。キャッチフレーズは文字通りターゲットの関心を「つかむ」役割を担いますが、ポスターであればビジュアルで、CMであれば映像や音でも「つかむ」ことはできます。

広告コピーと言えばキャッチフレーズのこと、と思っている人も多いようですが、それは誤解です。確かにキャッチフレーズは広告の最も目立つ場所に君臨する、広告の華と言えましょう。タグラインは商品名の周囲にちょこっと書いてあるだけの地味〜な存在です。しかし、キャッチフレーズはどんどん消費されてしまいます。つかむためには鮮度が大事だからです。それに比べ、タグラインはその商品がある限り基本的には不変です。キャッチフレーズはアマチュアの学生でもぽろっと書けたりしますが、タグラインは戦略が詰め込まれており、プロの知見がなければ書けません。実際、僕はタグライン１本書くことで１００万円ぐらいはざらにいただきますけども、キャッチフレーズ１本にそんな金額はなかなか請求できません。

もちろん広告は認知してもらわないと始まらないので、キャッチフレーズは重要でないわけではありません。20世紀初頭の繁華街の写真を見ると、広告看板はほとんど存在していませんが２０１４年現在は広告看板だらけ（広告用語ではＯＯＨ：Out Of Home と呼びます）。この状況が象徴しているように、情報過多、広告過多の環境では、広告を含むすべての情報がその広告の競合と言えます。だから、キャッチフレーズがほかの情報に埋もれてしまわない強い表現であることは必須です。ただ、それでも昨今のコピーライティングはキャッチフレーズに偏重している観があります。ちょっと残念な話をしますけども、主婦がターゲットの場合、新聞の折込チラシの反応を高める安易な方法があります。料理の写真を使うことです。商品と料理が全く関係なくても反応が上がるのです。たぶん、自分に関係があると思ってチラシをめくる手が止まるのでしょう。「キャッチ」とは、そういうことだったりもします。キャッチフレーズしか力の入っていないコピーライティングは、クーラーボックスを持たない魚釣りのようなものです。お遊びならキャッチ&リリースもいいでしょうが、漁業というビジネスとしては成立しません。

タグラインは、キャッチした生活者の関心を、しっかりと商品への興味に引き込む役割を担っています。

もしタグラインがキャッチーなものなら、そのままキャッチフレーズとして使用してもかまいません。むしろその方がシンプルでいいとも言えます。ただ、熟練しないうちは、2つに分けて思考する方がよいと思います。

タグラインによる「定義付け」についてもう少し掘り下げてみます。

たとえばここに白いお皿があるとします。これをターゲット＝僕、という設定で、価値の最大化について考えてみたいと思います。

まず、何の言葉もくっついてない状態。その状態では、これはただの物体です。誰かが「これは皿ですよ」と定義付けして初めて、ああこれは皿として使えるのか、と認識できます。ここで最初の「価値」が生まれました。

では、これはどういう皿なのか。もし「灰皿」というタグが付けられていたら、僕は見向きもしません。僕は非喫煙者だからです。もらっても、邪魔なのでたぶんそのまま捨てます。「サラダ皿」だったら買う可能性は少し出て来ます。健康のためサラダを多く食べないとなあ、と考え始めているところだからです（実行するかどうかは置いといて……）。

わかりますか？　物性としてのモノは全く同じです。定義する言葉を変えるだけで、ターゲットにとっての価値は大きく変化します。これがタグラインの基本的な考え方です。

以前、スポーツ用品ブランドであるReebokの仕事をしていた時、トレーニングウェアのタグラインを依頼されました。機能的な新しさは特にありません。ただ色が派手でした。Reebokのメンズブランドをトータルで引き受けていたのですが、どの商品も斬新な機能を売りにしている中、これは難しいなと感じました。僕は〝派手な色〟を機能として捉えることはできないだろうかと思い、調べてみると派手な色彩には人のアドレナリン分泌を促し、集中力を高める効果がある、という文献を見つけました。それを根拠に、

「色彩の科学。アドレナリン・デザイン」

というコピーを提案しました。クライアントは大喜びしてくれました。

〝派手な色のウェア〟を〝アドレナリン分泌を促し、集中力を高めるウェア〟

と定義付けしたわけです。

さて、このタグラインとキャッチフレーズの違いについて、さらにもう少し踏み込んでお話ししたいと思います。

タグラインはむしろベタで

東京コピーライターズクラブ（ＴＣＣ）というコピーライターの団体があります。そこでＴＣＣ賞というコピーのアワードを主催しています。

２０１４年度のＴＣＣ賞グランプリはソフトバンクの「バカは強いですよ。お利口さんよりも、ずっと。」でした。

これはキャッチフレーズです。もっとバカになろうよ、古いルールを捨てようよ、という今の生活者の気分をうまくすくい上げているから、「そうだ、そうだ」という共感、関心が得られるのです。しかし、この言葉によって生活者とソフトバンクの関係が変わったかというと、その役は果たしていません。この場合のタグラインは、「つながりやすさ№１」になります。「それ、コピーと言えるんですか。普通の言葉じゃないですか」なんて思ったなら、あなたはまだ広告コピーがわかっていないということ。言葉の工夫とか、そんなのは二の次の話。これまでつながりやすい携帯と言えばドコモだろうという共通認識があった。それをひっくり返してやろうという戦略がこの言葉に入っているんです。これを聞いて動揺したドコモユーザーはたくさんいるはずで、これをきっかけにソフトバンクに乗り換えた人も多いでしょう。まさにモノとヒトとの関係を創っているんですよ。そして、タグラインには、妙な言葉遊びや工夫など不要。直球がいいんです。かたやドコモの現在のCMシリーズはとても表現リッチで若い人に受けそうです。しかし「ドコモは新料金の時代へ」というタグラインにどれほどの力があるかやや疑問です。勝敗のキーを握るのはタグラインなのです。

蓄音機を発明したエジソンは、当初、この発明品をいったい何に使えばいいのかわからなかったそうです。技術的な革新を追い求めて、使い方を考えていなかったんですね。それで彼は、遺言を録音再生するための機械として蓄音機を売り出しました。それからしばらく経って、どこかの誰かが「これ、音楽を録音しておいて、再生するといいんじゃね？」と思いついたんですね。「音楽レコード」誕生の瞬間です。これはいわば、「遺言の録音・再生に。」エジソン蓄音機」というタグラインを、「音楽の録音・再生に。エジソン蓄音機」と書き換えたようなものです。「私には、父の声が最高の遺産でした。」とかカンジいいキャッチフレーズをがんばって書いてもコピー料数万円ぐらい？　でも「音楽の録音・再生に。」というタグラインは1兆円ぐらいもらっても変じゃありません。

キャッチフレーズの役割は、あくまでもターゲットの関心をキャッチすること。ですが、コピーの最も重要な役割である**言葉を使ってモノとヒトとの関係を創る、企業や商品の価値を最大化する**のはタグラインであるということを覚えておいてください。

さて、ここでお題。

「電動アシスト自転車のコピーを書いてください」。

（……アウト）

いや、もうそんなことはないですよね。あなたはさっそく書き始めるのでなく「それはどのメーカーの、どんな電動アシスト自転車ですか？　そこがわからなければ書けないよ」と思ったはず（そうでなければこの本を最初から読み直しましょう）。では仮に、この商品のＵＳＰ

が、「競合よりもパワフルなアシスト力」だとします。

次はターゲット。どんな人がそこに価値を感じて、買ってくれそうでしょうか？

たとえば、育児で疲れているお母さんたちはターゲットに相応しいと思います。たぶん、毎日、最も重い荷物を載せて自転車を漕いでいるのはこの人たちです。そう、最も重い荷物とは子どもです。たまに、前と後ろに一人ずつ乗せて走っているお母さんを見かけます。そこにスーパーの買い物袋まで乗せて……。多少お高くても、パワフルな電動アシスト自転車に飛びつきたくなるんじゃないでしょうか？

この場合のタグラインはどうなりますか。この商品の価値に気づかせてあげる言葉です。「お子様乗せても坂道ラクチン！」とか、どう。えっ、ベタすぎる？　そんなことを言っているならあなたは退場。ベタで何の問題が？　**タグラインは「わかる」ことが何より重要**なんです。

ではこの場合、キャッチフレーズはどんなのがいいでしょう。

キャッチフレーズを書くための手法はいろいろありますが、ここではひとつのやり方として、ターゲットの「共感」を得る表現を考えていきます。「共感」とは何か、その商品にからんだ強い感情を思い出してもらう、ということです。生活者にはいろんな欲求や不満、不安があります。商品に価値があるとは、そういったものが商品によって満たされそうだ、ということ。商品を買うとは、そういったものを満たすための行動をする、ということ。なので、その商品がない状態での不満、不安のMAXを描く。あるいは、その商品を入手した状態でのうれしさ、気持ちよさのMAXを描いてあげればよい、ということになります。

前者なら、たとえば、幼児と荷物を積んだお母さんが普通のママチャリから下りて足をさすっている、といったビジュアルに、「ふ、ふくらはぎがつった……。」といったキャッチフレーズはどうでしょう。ママチャリに子どもやらスーパーの袋やら乗せて、筋肉がガチガチになるまでがんばって走る、そのつらさを思い出してもらうわけです。「あ、あれやったことある！」「あれつらいんだよね〜！」とターゲットが思ったら成功。後者なら、逆に、満面の笑顔で、電動アシスト自転車で、幼児と荷物載せて坂道を座ったまま漕いでいるビジュアルに、「座ったままで、すいー♪」といったキャッチフレーズはどうですか。もし普通のママチャリなら根性で立ちこぎするかあきらめて降りて押すしかないはず。「あ、あれやってみたい！」「ああいうのいい！」とターゲットが思ってくれたら成功。そして、「お子様乗せても坂道ラクチン！」というタグラインを見た彼女たちは自分と自転車の関係を変えようと思うかもしれません。汗かきながらがんばる関係よりも、涼しい顔でラクに漕げる関係がいいと。

これが広告コピーの基本的メカニズムです。

もし、この商品のUSPが、「ブレーキ力を電力として蓄えるハイブリッドシステム」だったらどうなるでしょうか。ターゲットは少し変わってくるはずです。たとえば「新しもの好きの男性」とかが可能性として入ってきます。バッテリーが長持ちするということはこれまでよりも長距離走行を可能にするということですから、もしかすると「長距離自転車通勤したい会社員」も視野に入ってくるかもしれません。逆にあまり長い距離を走らない、近所のスーパーや学校に幼児を乗せて走るお母さんにとって魅力のあるものとは言えなくなってくるでしょう。USPが変われば、おのずとターゲットも変わってきます。この関係を理解しておいてください。

ところで、これがテレビCMになったら、「ふ、ふくらはぎがつった……。」「座ったままで、すいー♪」といったキャッチフレーズは言葉にせずとも役者さんの表情で伝わってしまうかもしれません。その時は、言葉としてのキャッチフレーズは不要になります。この場合、キャッチフレーズは演技の中に埋め込まれていると考えるべきでしょう。それでもいいんです。

目に見える言葉を書くのだけがコピーライターの仕事ではありません。

ただしテレビCMでもタグラインは演技のニュアンスやビジュアルでは伝えません。台詞であれ、ナレーションであれ、はっきりとした言葉で示します。先述のソフトバンクCMでも「つながりやすさNo.1」は台詞の中の言葉として明言されています。

広告コピーの評価は2つの視点で

「でもさあ、小霜さん」。

お、まだ食い下がりますか？　「海外のことはなんとなくわかったけど、日本の公募広告賞を受賞しているような表現って、USPとかターゲットとかにこだわってないのが多いじゃないですか。そういうのは、どうなるんですか」。

公募広告賞と実際の仕事のコピーでは評価の基準が違うのです。広告コピーは少なくとも2つの視点から評価されないといけません。1つは、そのコピーがモノとヒトとの関係を創造しているか、あるいは改善しているか。くどいようですがこれはコピーのそもそもの役割です。

もう1つはその役割を達成するための、言葉としての力があるか。ターゲットの心に刺さったり揺さぶったりする表現になっているか、ということです。この2つはタグライン、キャッチフレーズの合わせ技で達成されていればいいと思います。

広告賞の審査員評を読むと、「好き」「心に刺さった」「鋭かった」など、〝言葉としての力〟の評価に関するコメントが多いと思います。そういう場では、どちらかといえば、表現として新しい何かを切り拓いている部分に評価のバイアスがかかりますから。

2つの視点での評価基準を混同すると「評価されるコピーって何なのか?」がわからなくなってしまうでしょう。単に言葉の強さだけで評価していいのなら、『メンズナックル』(ミリオン出版刊)というアウトロー系ファッション雑誌のスナップショットに添えられている「ガイアが俺にもっと輝けと囁いている」などのコピーは非常に笑えるというか……強いではないですか。でもこれは広告コピーとしては評価できないわけです。

ただ、そこも最近は見直しが入って来ているようです。僕の教えた受講生が2012年度朝日広告賞のグランプリを獲りましたが、「タグラインにこだわったのが良かったと思う」と本人は言っていました。蚊取り線香に「肌を守って111年」というタグラインを付けることによって、美肌にこだわる女性との新しい関係を創ろうとしたもので、これは実際の広告としても機能すると思いました。

あらためてもう一度。コピーの評価は2つの視点で。

・そのコピーがモノとヒトとの関係を創造しているか、あるいは改善しているか。
・その役割を達成するための、言葉としての力があるか。
ターゲットの心に刺さったり揺さぶったりする表現になっているか。

ぜひしっかり理解してください。

「広告」と「報告」

広告とは、そしてコピーとは、モノとヒトとの新しい関係を創るもの、と言ってきましたが、新しく関係を創る必要がない場合もあります。たとえば「隅田川花火大会」のポスターの依頼が来たら、どんなコピーを書けばいいでしょう。だって、放っといても人は来ますからね。モノとヒトの関係がすでに出来上がっている状態。このポスターの一番の役割は、開催の日時を知らせることです。日時をどーんと出せば、それで完璧。じっさい過去のポスターはそのようになっています。こういった広告は、広告と言うよりも、いわば「報告」。コピーはデコレーション、飾りでいいんです。気持ちを素晴らしく盛り上げてあげれば。

「報告」コピーで済んでしまうとき、コピーライターにできることは極めて少ないです。僕の仕事の事例だと、ソニー・コンピュータエンタテインメント（以下、ＳＣＥ）のゲーム機「プレイステーション２」（以下、ＰＳ２）の市場導入キャンペーンはその最たるものでした。発売前にターゲットは皆、ＰＳ２がどういうものか熟知していたし、買う気満々でした。ＳＣＥの役員会では

「そもそも広告やる必要あるのか」

という議論になったそうです。

僕らが実際につくったのは「発売まであと10日」「あと9日」というコピーのカウントダウンCM。これはこれでターゲットの期待感をあおり、結果的に非常に良く売れるサポートになりましたが、広告が新しい関係の創造をしたわけではありません。それは広告ではなく、ＴＶや新聞、雑誌の記事、つまりパブリシティがやってくれていたのです。当時、僕はすでに独立

していたので、クリエイティブディレクション料・コピー料としていくばくかのお金をいただいたと思いますが、正直、それに見合う働きはしていなかったと思います。スンマセン！

自分の取りかかる仕事が「広告」なのか「報告」なのか、その見極めは大事です。

僕が学生の頃、日本ファッション界に「DC（Designer&Character）ブーム」というものが沸き起こりました。コム・デ・ギャルソンなどが新しいモードを提案し、若い人はこぞって買い求めました。ただ、定価で買うと高いので、みんな半額のバーゲンセールに長蛇の列を作って並びました。この当時のバーゲン広告は「報告」と言えるでしょう。日時を知らせればよいのです。しかし、今はどうでしょう。バーゲンセールと言うだけで皆がこぞって並んでいるでしょうか。もし今ファッションビルのバーゲン広告をやるなら、それは「報告」ではなく「広告」であるべきでしょう。しかし、何となくですがいまのバーゲンセール広告は、昔のバーゲンセール「報告」を今も引きずっているような気がします。

ビジュアルに替えられない言葉

いろいろとコピーやコピーライターについて書いてきました。どうですか。もしかしたら、「コピーって大変なんだなあ〜」と、あなたはかえってしょんぼりしちゃっているかもしれませんね。

そう、ある面、コピーライターはこれからますます大変になります。ネットの普及で生活者が言葉を発信するようになり、言葉そのものが供給過多。コピーの値段は下落傾向です。

また、**コピーが担ってきた役割を、ビジュアルが負うようになってきています。**

先ほど日本社会の同質性について触れましたけども、**「自分の感情の微妙な差異」**を表現するには言葉だけでは追いつかなくなってきています。

ネットで適当にみつけただけでも、「笑う」だけでこれだけの顔文字がありました。

d(≧∀≦)b　(´艸`)　ヾ(＞▽＜)o　o(*^▽^*)o　(o^^o)

｡.:*･ﾟ☆(●^▽^)　≧(´▽`)≦　(≧∀≦)　┌(｡Д｡)┐

((o(＞▽＜)o))　d(o^v^o)b　(´ɪ`*)　(￣▽￣)ノ＿彡☆

(ﾟmﾟ*)　｡･ﾟ･(｡つ∀≦｡)･ﾟ･｡　Ψ(´д`)Ψ　(*^日^*)"

ψ(`┏Д┓´)ψ　(･-･*)　(∩.∩)　(≧m≦)　(｡･艸･)

(^◇^)　Ψ(●`▽´●)　(･∀･)　U=^▽^)　(●ゝ艸･)

(●´▽`)　(ë_ë)　(T-T)ノ＿彡☆　(´艸`)　(*´pq`)

￥^ー^￥　ﾟ･｡･(●ノ∀`●)σ･｡･ﾟ　(ﾟ∀ﾟ)　(O´▽`)

♡→ɛ←♡　(_≧Д≦)ノ彡☆　(-ɩ-)　(´,_ゝ`)　ヽ(･∀･)ﾒ

｡ﾟ(ﾟ^∀^ﾟ)ﾟ｡　(='m')　(O´∀`O)　(⌒▽⌒)　(　´∀`)

:;`";`;:";`;:"`:;`ヽ(ﾟ∀ﾟ)ﾉ　∴(O艸O★)　(≡^▽^≡)

o(〃'▽'〃)o　@^-^@　ヾ(@>▽<@)ノ　*(^ω^@)　(`L_`)

(o^ ^o) /　o(↑▽↑)ノ彡☆　v(@∀@)v　(･∀･)

(=①ω①=)　ヾ(@^▽^@)ノ　_(￣▽￣)ノ彡☆　(ΦωΦ)

((┗┓(￣∀￣)┏┛))　ﾟ▽ﾟ=)ノ彡☆　m9(≧▽≦)　(●ノ∀`)ﾟo｡

(o_ _)ノ彡☆　(`ー´)　(*Φ皿Φ*)　ヾ(≧▽≦)ノ　(*^m^*)

(ɩ´ω`)つ彡☆　(^w^)　(*'▽')　d(^□^)|

o(〃^▽^〃)o　(^m^)　("⌒▽⌒")　(*^□^*)　(⌒▽⌒)

(o￣ー￣o)　_(ﾟДﾟ)ノ彡☆　(ﾟ▽ﾟ=)ノ彡☆　(≧▽≦)

v'　(^-^)v(＞ω＜)v(^▽^)v　ψ(￣▽￣)ψ　(●^Д^●)

《《《《♪♪(*´▽`*)ノ"　((●≧艸≦)　(´0ノ`*)　♪(●^U^●)

v(。・ω・。)　(V)(￣▽￣)(V)　o(*⌒—⌒*)o　(o_ _)ﾉ彡☆

♡♡♡(0^□^0)♡♡♡　┗|*`0´*|┛　(o￣▽￣o)　(≧▽≦)ﾉ彡

(^,_ゝ^)　(≧∀≦●))　__(▼∀▼)ﾉ彡☆　┌(*￣0￣)┐

(*^o^*)　(T▽T)　щ(￣∀￣)ш　(`ι´;)　♡♡+.゜(→ε←*)゜+.゜

(´▽`*)　(o゜v゜)ノ　゜+(人*゜v`*人)+。　・m・)　(￣皿￣)

(o´・艸・`o)　(´､ノ`)　...8−|κ`∀´|κ　†_(@``@)β

(＝⌒▽⌒＝)　(´^ë^`)　((´∀`)))　(゜Д゜)　(๑◕ᴗ←๑)

ヾ(@°　▽°　@)ﾉ　(。・m・)　(￣▽￣;)　(∠T▽T)ﾉ彡☆

(⌒_⌒)　(b´U`)◇−＋°　♡(。→ˇ艸←)　_(⌒▽⌒)ﾉ彡☆

_(￣▼￣)ﾉ彡☆　(○´艸`)　⊂ミ⊃^ω^)⊃　(^—^)

ヾ(●´∀`○)／″　ヾ(@^(∞)^@)ノ　∵ゞ(´ε`●)

o(>▽<)o　(゜∀゜)　(。→∀←。)　Ψ|￣ω￣|Ψフ　ヾ(￣▽)ゞ

(*´∀`)　(゜c_,゜`。)　(●´艸`)　( ' ▽ ' )　(゜−゜)　(*´　艸`)

♡♥(。´▽`。)♥♡　o^冂^o♪゛　(″▽″)　_(T▽T)ﾉ彡☆

(。→∀←。)　((*´∀`))　。°(°^ェ^°)°。　v(@^＊^)v*/

(⌒▽⌒)ノ__彡☆　(〃^▽^)o_彡☆　(・m・)　(*`▽´*)

(￣∀￣*)　(((ﾉ∀`*)　。゜(゜^∀^゜)σ゜。　(*^−^*)　(@^▽^@)

ヽ(゜▽、゜)ﾉ　*´∀`)´∀`)*´∀`)*´∀`)　((┌(。Δ。)┐))　(・∀・)

(*´艸`)　ξ^▽〆　(0^—^0)　⊂((〃￣—￣〃))⊃

(((´^ω^`)))　(゜×゜*)　┌(￣0￣)┐　ヽ(￣▽￣)ﾉ

(〃￣▽￣)ﾉ彡☆　(´m`)　⊂((〃≧▽≦〃))⊃　(*≧m≦*)

(ノ∀`)　(●>艸<):;*.':;.　( ´,_ゝ`)　(*￣O)ノ￣*)

(^▽^)　(●>H<●)ノ　('ω'*)　(･x･)　(*`▽´*)

｡°(°^∀^°)°｡　(*´∀`)/　(｡･w･｡)　＼(^O^)／

(－ɩ_－)　(`▽´ )　(O゜ε゜O)　( `.∀´)

(-^▽^-)　*(ノ^∀^)ノ*(ノ^∀^)ノ*　⊂(^ω^)⊃

Ψ(￣∀￣)Ψ　*｡(*´Д`)｡*°　･:｡*･:｡*(〃´∀`)･:｡*･:｡*

(*≧ε≦*)ノ彡☆　(*￣m￣)　*｡;･｡(*ゝ∀･*)

(*￣▽￣)ノ　(*￣—￣*)　(´,_ゝ`)　ψ(`▽´)ψ

(°∀°ゞ)　(*б∪б)　(￣m￣*)　Ψ(☆w☆)Ψ

(●>∀<●)　_(*_ _)ノ彡☆　(^▽^)

｡.:♪*:･'(*⌒—⌒*)))　~(^◇^)/　o(^▽^)o

(; ﾟ▽ﾟ)ノ_彡☆　o(>▽<o)(o>▽<)　Ψ(￣▽￣)Ψ

`;:゛;`;･(゜ε゜)　(*≧┏▽┓≦*)　(* ^)oo(^ *)

(>v<)　(`−´)　(●≧∀≦)　( ﾟ∀ﾟ)　Ψ(`◇´)Ψ

Ψ(`▽´)Ψ　(￢w￢*)　(@^—^)　┐(´—)┌

(o_ _)ノ彡☆　(°▽°*)　ヾ(´▽`;)ゝ　(' 0ノ ' *)

｡(ë ë｡)(｡ë ë)｡　ヾ(^▽^*　(･｡･)　(￣m￣〃)

_(__△__)ノ彡☆　ヾ(≧▽≦)〃　(ノ▽≦*)

ψ(O `▽´ O)ψ　^▽^)　(='m')　Oo｡(´з`)｡oO

|´ω`|　(｡−∀−)　(^艸^)　(￣w￣)　~(^◇^)/

┗┫´,_ゝ`┣┛

そして、この顔文字を超えたのがLINEのスタンプです。僕の妻はスタンプを使いこなして僕に細かい感情を伝えてきます。スタンプで返せとか言うので面倒くさいなあと思いながらやってみたら、意外にハマっています（「ゴルゴ13スタンプ」とか２００円で買いました……）。このようにＬＩＮＥのヒットにも日本の同質性が関わっています。ちなみに欧米ではここまでの顔文字やスタンプの文化は普及していません。

日本ではコミュニケーション全体が「非言語」にどんどん移行してきています。

こういったことを背景に、日本の広告も言葉よりビジュアルや音がもてはやされる時代になってきています。コピーライターよりもＣＭプランナーやアートディレクターに脚光が当たっている時代と言えるかもしれません。

公益財団法人日本デザイン振興会が主催する、総合的なデザインアワードにグッドデザイン賞というものがあります。２０１３年度のグッドデザイン賞で最多得票を集めたのは〝Googleマップ〟でした。これはデザインに要求されるものが変わってきているということ。「人を動かす」という役割がデザインに期待されているのです。これはもともとコピーが担っていたもののはずですが、今では瞬時性、直感性に強いデザインに分があるようです。

ただ、コピーでないとできないこともあります。化粧品のテレビCMでは、女優の肌はピカピカに白く美しいわけですが、これはほとんどの場合、オペレーターが編集室に一晩こもって一所懸命に映像を加工した結果です。これらのCMにクレームが来たという話は聞きません。

しかし、もしコピーで、

「この化粧品を塗ればたちどころに毛穴が見えなくなり、ピカピカに白く美しい肌になります」

と書いてあったら誇大広告になってしまいます。

そうなる人もいるのでしょうが、そこまでの肌にならない人もいるので、クレームが来てしまいます。つまり言葉とは何かを約束するものだという共通認識があるのです。

言葉の起源は、「ジェスチャー」です。身振り手振り。狩りの時の合図に使っていたようで、今でも特殊部隊が潜入する時に手で指示したりしますよね。あるいは野球のサインなどがその名残かと。それが言葉に置き換わったことで人は武器を使えるようになり……と、ここではこれ以上脱線しませんが、**言葉はもともと「約束」するために使われたもの**だと思います。

サインで取り決めたことを破ったら、その狩りは失敗するでしょうし、人間関係は崩壊しますから。一方、ビジュアルにはもともと嘘が含まれる、という共通認識があります。そもそも絵画とは主観によって誇張されるものだったからです。山より高い巨人がいても、描く人にそう見えたのならそれで構わないのが〝画〟というものです。ムービーの時代になってもたとえばCM表現は「※イメージです」というキャプションさえくっつければ大概のことは許されます。

確かにビジュアルや映像であれば、広告コミュニケーションのスピードは速く、微妙なニュアンスの差異も伝わるようになりました。しかし、先述したように、商品価値を定義するタグラインは言葉で伝えるしかありません。また、これも詳しく後述しますが、企業スローガン、ブランドスローガンのように、その企業やブランドの未来を方向付けするのも、言葉によるしかないのです。

ビジュアル全盛時代になって、むしろ「コピー」が担うべき役割がよりハッキリと、先鋭化してきたと、僕は受け止めています。

これはコピーライターの存在感がこれまで以上に大きくなるチャンスです。今が分岐点と言えましょう。

この状況において、コピーの役割と価値をしっかり認識できれば、コピーライターという職業は非常に可能性が出て来ますし、未来は無限に開かれていると考えます。

あらためて広告コピーとは

そろそろこの章をまとめます。

ハリウッド映画『ウルフ・オブ・ウォールストリート』でレオナルド・ディカプリオ扮する、証券会社で金を稼ぎまくる主人公が、面接に来た人たちにペンを差し出してこう言います。

「このペンをおれに売れ」と。そのボールペンの素晴らしさをペラペラまくし立ててもダメ。正解は、そのペンを取り上げて、「何か書いてくれ」と言うことでした。つまり、そのペンが必要となる状況を作ったわけですが、コピーライティングもこれに似たところがあります。その商品が必要となる＝ターゲットが価値を感じる状況を言葉で創り出すわけです。

もしあなたがコピーライターとして仕事がうまくいかなければ、それはカテゴリーコピーのことを商品コピーと誤解しているのかも。飾り言葉のことを広告コピーと思い込んでいるのかも。「広告」と「報告」の違いがわかってないのかも。先ほど事例で出てきたサントリー天然水サーバー。章の最後に、僕がどういう思考でこの広告キャンペーンを作ったかという話をします。

僕はウォーターサーバーの水を生活「環境」を作るものと考えました。空気と水は人間にとって重要な生活環境。健康のために田舎に越す人もいるぐらいで。飲用だけでなく、料理や赤ちゃんのミルクにも使うウォーターサーバーの水を新しくするということは、生活環境を変えるに等しいのではと。それで、「サントリー天然水サーバー」を導入するのは、いわば南アル

プスに引っ越すようなものだ、というコンセプトにしました。コピーは、

「わが家は、南アルプスです。」

これはタグラインでもあり、キャッチフレーズでもあります。CMのオンエアが始まった途端、注文の電話が殺到しました。僕は仕事の便宜のために都心に住んでいますが、子どもが産まれた時、はたしてこれでいいのかなと悩みました。軽井沢とか、環境のいいところに住んで、そこから通うべきなのではと。そんな気持ちは子を持つ親なら誰しも持っているものです。そういった親たちの心に刺さったのだと思います。モノとヒトとの新しい関係、天然水サーバーと子を持つ親との関係をクリエイトしたわけです。参考にしてください。

では、広告コピーは、具体的にどういう手順で書けばいいのか？
次章でそこを説明しましょう。

第一章のおさらいと用語解説

❖ 広告クリエイティブの役割は

モノとヒトとの新しい関係を創ることである。

❖ 広告コピーとは

モノとヒトとの新しい関係に気づかせてあげる言葉。
価値が最大化されるように商品を「定義付け」するもの。

❖ タグラインとは

商品の価値が最大化されるような「定義付け」に特化したコピーのこと。

❖ キャッチフレーズとは

タグラインに関心を持たせるために興味を引くためのコピーのこと。

❖ 広告コピーを考えるときに重要な2つのポイント

商品の具体的な情報、競合商品との違い（USP）を考えること。
商品を買ってくれる可能性があるターゲットを考えること。

❖ コピーを評価する2つの視点

①そのコピーがモノとヒトとの関係を創造しているか、あるいは改善しているか。
②①の役割を達成するための、言葉としての力があるか。ターゲットの心に刺さったり揺さぶったりする表現になっているか。

コピーライターに重要なキーワード

❖ USP

マーケティング用語で**競合優位性**のこと。「商品の具体的な情報、競合との違い」のうちターゲットにとって、他の競合商品より勝っていて、大きな価値をもつところ。

❖ コモディティ化

ある商品カテゴリーにおいて、競合商品との品質において差がなくなること。画期的な新商品も競争にさらされるとすぐに、他社商品と変わらなくなってしまうグローバルな動き。

❖ ハイコンテクスト

コミュニケーション・意思疎通をはかるときに前提となる言語、体験、価値観、考え方などが非常に近い状態のこと。民族性、経済力、文化度などが近い人が集まっている状態。細かいことを言わずとも、暗黙の了解とか、ツーカーで意思が通じるということが成り立ち、商品の微妙な差異が価値を持ちやすい状態のこと。

回り道コラム①

広告の仕事をする上で、「回り道」って大事です。商品だけを近視眼的に見るんじゃなくて、その周りをうろうろ歩くように、隣接したいろんなことに思いを馳せたり、考えたりすること。章と章の間に、僕が日頃思っている「回り道」的なことを少し書いてみようと思います。初回は「人って何だろう」。

職業というものは本当にいろいろあって、女のヒモにもそれを職業としてやるプロフェッショナルが存在します。その手口はどういうものかというと案外とシンプルで、「借り」を作り続けるんですね。「缶ジュース買ってくれない」という小さなものから始まって、「ちょっと千円貸して」がいつの間にか「生活費貸して」になっていくのですが、重要なのは、その間、「返す」ことをしないことだそうです。人間というものは、何かしてもらった相手を好きになるのではなく、何かしてあげた相手に執着するんです。プレゼントをもらった人ではなく、プレゼントした相手を好きになると言うこと。もしあなたに好きな人がいたら、プレゼントするよりも何か頼み事をする方が、効果があります。「なんであの人のためにこんなことしているんだろう?」という疑問を、無意識で「好きだからかもしれない」と、整合化してしまうのです。キャバ嬢もホストも、客にお金を使わせるほどモテます。それは本当の愛情ではなく、似て非なる執着心でしょう。そして、いつか情にほだされて、自分も何かしてあげよう、お金を少し返そう、自分も何か贈り物しよう、などと行動した途端、魔法が解けるように相手は去って行くとのことです。

皆さんは、何かしてもらう人が、何かしてくれる人を好きになる、そう思っていませんでしたか。人間は合理的に行動しているようでいて、全くそうではありません。しかし、なぜそういう行動を取るか、ということに深い理屈はあるのです。そこを感じ取れるようにならなければ広告の仕事はできないでしょう。

多くの人は、そして多くのコピーライターも人間のパターンにとらわれすぎて、人の真実を見ようとしません。「人ってこうだよね」というステレオタイプな思い込みから、なかなか抜け出せないのです。

もうひとつ極端な例を挙げます。たとえば「無法状態では、人間は簡単に人を殺す」という一般的な思い込みがあります。

第二次大戦後の米軍の調査レポートに「最前線にいた兵士のうち、実際にライフルを発砲した人数」というものがあります。それによれば、なんと、8割の兵士が一発も発砲していませんでした。戦争映画でドンパチやっているのは嘘だったんですね。本当の戦争では、2割の兵士だけがライフルを撃ち、残りの8割は撃ってないんです。さらに、ベトナム戦争での調査では「ベトナム人兵士1人を殺傷するのに米軍が使ったライフルの弾薬は1万数千発だった」という記録もあります（『戦争における「人殺し」の心理学』（ちくま学芸文庫刊））。撃っても狙ってないんです、全然。

では現代の戦争で大量の死傷者が出る原因は何か。それは大砲や機関銃、爆撃機です。つまり、ライフルや刀剣などの「自己判断」を要する戦闘では人を殺せなかった人間もチームになると残虐なことが平気になるのです。狩猟採集時代にチームで狩りをしていた時の本能が、このような心の動きを作ってしまったのでしょう。いじめも集団でしますよね。「あんないいコが……」と言われる優等生も、いじめる側のチームに入ると豹変したりします。こういった人間の二面性を理解しておくだけでも、いろいろな社会問題の解決になりそうです。

どうですか。「人ってこうだろう」という思い込みと実際の姿との違いは、まだ他にもたくさんあります。

広告業界を目指す若い人の多くは、「人」についてちょっと無知過ぎる感があります。学生時代にインターンなど馬鹿らしいと僕は思います。そんなものを採用の評価基準にする企業にも大いに問題があります。もっとアルバイトをして、生身の人たちと交わる経験をしておく方がよほど有意義です。道路清掃やってもいいし、引っ越し業やってもいいし、接客業やってもいいし、飛び込み営業やってもいいし（どれも僕が学生時代にしていたことですが）。タウンワークのコピー「その経験は、味方だ」は非常に正しいことを言っています。最近引っ張りだこのあるCM監督は、この業界に入る前は出会い系のサクラをやっていたそうです。ものすごく成績が良く「神の子」と呼ばれていたらしいですが、その仕事が公序良俗的にどうかはともかく、そこで人の生の姿を見てきた経験がその後の役に立っているのは間違いないでしょう。

ちなみに人間の〝心の動き〟を体系的に知るには、「進化心理学」という学問が有益です。比較的新しい学問で、日本ではまだ解説書が少なかったこともあり自分で書いてしまいました（笑）。『欲しいほしいホシイ』（インプレス・ジャパン刊）という本です。これは人の本能と広告クリエイティブの関係を紐解いたものですので、併せて読んでいただくと広告の基本的なメカニズムがさらに理解できると思います。

第二章　コピーを「考える」

コピーライターが知っておくべき「マーケティング」

僕が子どもの頃、「押し売り」と呼ばれる人たちがいました。都会でも玄関にいちいち鍵をかけたりしないのんびりした時代でしたが、それをいいことに勝手に家に上がり込んで、百科事典や消火器を売りつけるのです。そして、こちらが「買う」と言うまでそこからテコでも動かないわけです。彼らを追い払うには「うちにはもう百科事典あります」と言う他ない。こういったことだけが理由ではないでしょうけども、昔はどの家庭にも全数十巻の百科事典があったものです。

さてここで「マーケティング」という概念に触れますが、

「マーケティング」とは、ひとことで言えば、
押し売りの正反対を目指す企業活動のことです。

マーケティングの概念は幅広く、顧客視点での企業活動すべてを指しますが、その究極の理想とは

「営業や販促活動、広告活動をしなくとも商品が勝手に売れていく状況」

を作り上げることにあります。

つまり、いかに人、金、パワーをかけないで商品を売ることができるかという科学。もちろん現実に予算ゼロで商品を売ることはできないわけで、できるだけ効率よく売るために知恵を絞ろうよ、ということです。

ひとつ例を挙げましょう。僕の息子が通う中高一貫校では、電子辞書の携行が推奨されています。じゃあ、どの電子辞書が……となりそうなところですが、現実には一択なのです。カシオのエクスワード。収録辞書の数が多いなど学校別にカスタムされた特別モデルが用意されてあって、購買部に置いてあるんです。こうなると、カシオは別に営業マンを用意する必要もな

ければ、テレビCMをする必要もありません。放っておいてもひとつの学校あたり数十〜数百台が毎年売れていくことになります。

また昭文社の旅行ガイドブック「ことりっぷ」は働く女性にターゲットを絞った斬新な内容を目指しています。「面倒くさいのがイヤ」という彼女たちの不満を解消するために、情報量を大きく絞り込み軽量化したことで、特に目立った広告活動もしていないのに累計1千万部近い大ヒットとなっています。

こういったものが本来のマーケティングだろうと僕は認識しています。

このマーケティングという概念、広告業界で働いている人であっても広告活動の一部と思っている方が多いでしょうが、必ずしもそうではありません。先ほど述べたように広告活動より大きな概念なので、広告活動と対立する部分もあります。だから、広告会社の中に「マーケティング」という部署が存在することは、やや自己矛盾でもあります。ここ数年来、大手広告会社ではマーケティングから広告活動に関わる機能を抽出した概念を〝Strategic Planning〟(ストラテジックプランニング)と呼称するようになってきています。以前は「マーケター」「マーケティングプランナー」と呼ばれた人たちは「ストラテジックプランナー」という肩書きとなりました。

さて、第一章を読んで、こう思った人もいるかもしれません。

「小霜さん、USPやターゲットって、マーケティングやストラテジーの概念でしょ？　コピーライターに必要なの？」と。

大いに必要です。


僕が広告業界に入った頃、企業の多くは広告活動を広告会社にほぼ丸投げしていました。それが今では「宣伝部」だった呼称を「マーケティング部」と改める企業が増え、ソニー、トヨタ、キリンなどに至っては本体の事業会社とは別の「マーケティング会社」として、一つの部署を独立した会社として設立するケースもでてきています。直近の記事では資生堂も「顧客価値創造型」マーケティングを目指して経験者を100人採用し組織改革を行うとのこと。これは、マーケティングの根幹のところは自分たちでやるぞ、**広告に高いコストをかけなくとも商品が売れていく状況**をつくるぞ、という意志の表れでもあります。そんな中、クリエイターがマーケティングのマの字も知らないようではクライアントとビジネスになりません。文字通り、お話にならないのです。

それに広告会社やプロダクション（広告制作会社）で、マーケティング部署はないがクリエイティブ部署はある、という会社も多いと思います。どちらの部署も揃っているのは売上げ上位の広告会社に限られるのではないでしょうか。多くの場合、クリエイター、特にコピーライターがマーケター（ストラテジックプランナー）を兼ねる必要が出てきます。基本的なマーケティングの概念がわかっていなければ、第一章で見てきたような「大喜利コピー」を書くことになってしまいます。つまり正しい広告が作れないということです。

実際のところ大手広告会社でも、オリエンテーションがあって、まずマーケターやストラテジックプランナーが戦略立案し、それに基づいてクリエイターが表現を考える、といった順番通りの進め方はしないことが多いです。ヨーイ・ドンでクリエイティブ担当も企画を同時に考え始め、それを後で付け合わせるというやり方を取るんですね。その時、クリエイターがマーケティング戦略を考えず、何の脈絡もなく表現を作り始めればそれは無駄な作業となってしまいます。

コピーライターは、最低限のマーケティング知識を持っておかなければいけないし、それをツールとして使えないといけないのです。この章のテーマである「広告コピーを考える手順」のほとんどの部分にマーケティング的思考が関わってきます。

と言うと、もしかするとあなたは、目の前が暗くなっているかも。「コピーライターって、感性だけでできる仕事じゃなかったんですか……、そんな難しいこと覚えないといけないの……」と。

そこは大丈夫！　確かにマーケティングは奥が深く、幅が広い。最近ではコンテンツマーケティング、ニューロマーケティング、インバウンドマーケティングなどなど、新しいマーケティングの概念がどんどん生まれてきています（これらの概念の意味はネットなどで調べてください）。が、これら全てに精通する必要はないです。コピーライターとして知っておくべきは、第一章で出て来た「USP」と「ターゲット」。最低限これだけ押さえておけば何とかなります。新しいマーケティング概念はネットテクノロジーの進化やターゲットの脳波を分析するfMRIの普及などを背景とした、新技術を広告活動にどう取り込むかといった戦術論も多く、いろんなレベルが混在してしまっているのです。

さらに、もしかするとあなたは、こんなことも思っているかも。「コピーライターがマーケティングも知っとかなきゃいけないなんて、面倒な時代になったなあ。仲畑貴志さんや糸井重里さんたちが活躍した時代はよかったなあ。80年代のコピーライターブームのときのコピーライターたちは感性でやっていたわけでしょ?」と。

それはとんでもない誤解です。たとえば仲畑さん。仲畑さんはソニーウォークマンやTOTOウォシュレット、サントリー、PARCOなど数々の名作コピーを残した方です。偉大なコピーライターである半面、優れたマーケターでもあったと僕は認識しています。たとえば昔の秀作である、丸井百貨店のコピー「好きだから、あげる。」(1980年)は、その9割がマーケティング的思考でできています。当時、ギフトと言えば中元歳暮で、入浴せっけんやサラダ油など無難で日持ちするものが定番。中身よりもむしろ三越や伊勢丹など高級デパートの包装紙が重要、とされていました。いわば、「義理だから、あげる」もの。それに対して、若い人たちに向けて、もっと相手のことを考えた、自分の気持ちを表現できるギフトを贈ろうよ、丸井百貨店ならそういう商品がたくさん揃っていますよ、と訴えたのがこのコピーです。ギフトは、もっと相手のことを考えて、気持ちを込めて〝あげる〟ものであるという、モノとヒトとの新しい関係を創ろうとしたわけです。このキャンペーンが時代の流れを生み出したのか、時代の流れにうまく乗ったのかはわかりませんが、今やギフトにサラダ油を贈る人の方が珍しいんじゃないでしょうか？

仲畑さんは言葉の選び方や表現技法も非常に上手で「表現がすぐれたコピーがいいコピーなんだ」と多くの人に誤解を与えてしまうほど社会的インパクトも大きいコピーを書いています。ただし実は、そういう表現の下支えとしてのマーケティング的思考は、きちんとあったのです。糸井さんの書いた西武百貨店のコピー「おいしい生活。」だってそうです。むしろこれは、言葉としては何でもない。それを支えている、時代を読んで、ターゲットと百貨店の新しい関係を創ろうとするマーケティング的思考が斬新だったのです。

余談ですが、本来のマーケティングは「学問」です。「産」「学」「官」の、「学」にあたります。今のマーケティングの基礎を作り上げたのはフィリップ・コトラーと言われていますが、彼は大学の教授です。日本マーケティング協会の代表理事・会長は元・花王の会長ですが、代表理事・理事長は慶應義塾大学の名誉教授です（2014年8月現在）。また、大学の講義に「マーケティング学（あるいは論）」はよくありますが、「クリエイティブ学」、「販売促進学」、といった講義は耳にしません（あるのかもしれませんが……）。マーケティング学は社会行動学、経営学に隣接し、脳科学や社会心理学の親戚といったポジションです。

大手広告会社ではマーケティング部署の組織改編が頻繁です。名称を変えたり、クリエイティブやプロモーション部門の一部になったり、はたまた独立部署になったり。これは、マーケティングはより実践的であるべきという動きと、よりアカデミックであるべきという動きの綱引きによるものかもしれません。余計なお世話かもしれませんが、個人的には、大手広告会社の中に、マーケティングだけでなく行動経済学や脳科学、経営学、社会心理学などアカデミックに特化した部署を諮問機関的に持つのがいいのではという気がします。

この章では具体的な広告コピーの書き方を説明すると予告しましたが、まず「コピーを書く」という言い方をやめましょう。コピー作業の中で、机に向かってペンを走らせる（あるいはPCに向かってキーボードを叩く）作業は全体の1割ぐらいと思ってください。その手前の

「マーケティング的」作業、つまり「考える」が9割です。**競合を調べ、商品のUSPを見極め、ターゲットを決め、彼らの欲求や不満、不安に思いをはせる。こういったことが「コピーを書く」ということの本質**なんです。もし時間が1週間あるのなら、そういった作業に6日を費やしましょう。実際に文字として書くのは最後の1日でかまいません。

まず何から始めるか

さて、あなたはコピーライターとして、今まさにクライアントから商品広告の依頼があったとします。最初にするべきことは何でしょうか？

もうおわかりですね。

それは、

競合を調べること

です。先ほども言いました。

第一章で、コピーの依頼があったら、まず担当の商品が何であるかを知りなさいと言いました。ただしそれは、商品の特徴を知るということではありません。知らなければいけないのは担当商品のUSP、競合優位性です。と言うことは、競合商品のことを知らなければ担当商品を知ったことにはならないのです。

だから、本当の最初にすべきことは、担当商品よりも先に、競合商品について調べることなのです。競合商品の強さがわかれば、その相対比較において担当商品の魅力もわかってきます。そういう順序です。

孫子の兵法には「彼を知り己を知れば百戦危うからず。彼を知らずして己を知れば、一勝一負す。彼を知らず己を知らざれば、戦う毎に必ず危うし」とありますが、これは現代でもそのまま通用する戦略の本質です（孫子の兵法には他にもビジネスに有用な教えが満載ですよ！）。

広告企画においては、何よりもまず

仮想敵を定め、その強さを知ること

をしなければいけないのです。

では一つ例題をやっていきましょう。

たとえばあなたが、とあるソフトメーカーから新商品のPC用ワープロソフトの広告を依頼されたらどうでしょう？　何を仮想敵と考えればいいでしょう。

候補となるのはシェア1位の商品、その時勢いのある商品、などが基本です（指標、という意味でベンチマークと呼ぶこともあります）。現状ではマイクロソフト社の『Word』がふさわしいでしょう。

では『Word』の何を調べればいいか？　まず、『Word』の強みです。どうして多数の人に支持されているのか？　どういう際だった機能があるのか？　逆に、ユーザーが不満を感じている点はないか？

調べ方はいろいろあります。最も簡単なのはネットで調べるやり方。ニュース記事で『Word』関連の動向をチェックする。商品レビューや2ちゃんねるなどのBBSなどからユーザーの声を拾う。あるいはSNSで質問する、でもいいでしょう。次に、周囲にユーザーがいれば直接聞いてみる。店頭に行って、店員に聞いてみる。などです。

おそらく『Word』の強みは、個々の機能と言うよりもデファクトスタンダードというポジションを確保していることでしょう。これ使っとけば安心、ということですね。

さて、競合商品を調べたら、次にすべきことは自分の担当商品の強みを知ることです。つまり競合優位性、先ほどから言っているUSPです。ここで気を付けるべきことは、先述しましたが、

ただの「特徴」とUSPを混同しないこと

です。**USPとは、あくまで「競合に対しての」優位性**を言います。競合ありきじゃないと

存在しない概念です。

たとえば、僕は何年か iPhone を使っていましたが、今年から Android スマホに乗り換えました。その理由は、日本語変換の快適さです。僕がＰＣで使い続けてきた日本語入力ソフトの Atok は現状、スマホでは Android にしか完全対応していないので、「日本語変換がスムーズ」は iPhone と比較したときに Android スマホのＵＳＰになりえます（２０１４年８月現在）。しかし「操作がスムーズ」「ディスプレイが高解像度」「通話品質がクリア」「アプリが豊富」といったポイントはＵＳＰではありません。単なる特徴です。同じことが iPhone でも言えるからです。

では、ワープロソフトの『Word』に対する、ソフトメーカーからの新商品、あなたが担当しているワープロソフトのＵＳＰはどういうものが考えられるでしょうか？

実際に存在する商品を見ていくと、キングソフト株式会社で販売している互換ワープロソフト『KingSoft Office』であれば、「価格の安さ」が強みとなるでしょう。ちなみに僕はこの原稿を株式会社ジャストシステムで販売しているソフト『一太郎』で書いていますが、『Word』はもともとアメリカ発なので、日本語長文の編集に関しては、日本語ネイティブのソフトである『一太郎』に多少の分があると思っています。そのあたりは『一太郎』のUSPとなりえるでしょう。こうやって、自分の担当商品のUSPを探していくのです。

繰り返しますが、このようにUSPとは、特徴ではなく**「競合に対しての」優位性、競合に比べて勝っているところ**のことです。次は、ターゲット。この商品を買ってくれそうな人は誰か。その人たちにとってこのUSPが価値のあるものなのかを考える必要があります。

ちょっとその前に、仮想敵とUSPについてもう少し詳しく話します。

本当の敵は誰だ

先の例題では最も売れている商品として『Word』を競合としましたけども、競合商品とは常に他社商品のことでしょうか？　そうとも限りません。2013年春の時点でソニー・コンピュータエンタテインメントの携帯ゲーム機『PSVita』は発売から数年が経過していましたが、その普及は芳しいものとは言えませんでした。それは『PSVita』よりも以前に同社から発売されていた携帯ゲーム機『PSP』からのユーザー移行が進んでいなかったからです。この『PSP』の躍進はカプコンから発売されたゲーム『モンスターハンター』の大ヒットが後押しし、身近な4人が集まって協力プレイをする「狩りゲー」と呼ばれるジャンルが確立したことによります。しかし、同タイトルが『PSVita』に移植されなかったために、ユーザーは相変わらず『PSP』でゲームをしていたのです（中学生の息子に『PSVita』を与えてこれをやってみろと言ったら、明らかに迷惑そうな顔をされました……）。そこで僕は、『PSVita』の競合を任天堂の携帯ゲーム機『3DS』ではなく『PSP』としました。競合を社内の商品に設定したのです。『モンスターハンター』のように「狩りゲー」スタイルでありながら、『PSVita』ならではの進化したプレイのできるタイトルを「共闘ゲーム」と呼ぶことにし、俳優の生瀬勝久さん演じる共闘先生（教頭先生のダジャレ）が教え子でもありゲーム仲間でもある高校生たちに「共闘ゲーム」の進化した面白ポイントを教える、というキャンペーンを展開しました。

その狙いは当たりました。年末商戦で売上げは昨年比2倍以上、結果的に2014年春の時

点で週あたりの販売数が任天堂の『3DS』を上回りました。

ある出版社では、OLの憩いの時間を提供するという視点に立てば競合はスターバックスのラテだ、ということで女性誌をスタバのラテと同じくらいの値付けにした、という話もあります。意外な相手を競合と定めることで躍進した商品や企業の例は他にもあります。

敵を誰に定めるかがその人の人生を決める、という話を聞いたことがあります。敵は日本にいるヤツだ、と思っているとどんなに頑張っても最終的に日本一にしかなれない、敵は世界中にいるヤツだ、と考えてはじめて世界で闘うことができる、など。

広告も同じです。**まず大事なことは、敵を誰と考えるか。**

それが成否の半分以上を決めると言っても過言ではないと思います。

次にUSPについてもう少し補足を。

競合はハッキリしていても、USPを見つけにくい商品やブランドもあります。そのような場合はどう考えるべきか。

たとえば流通業は扱う商品が他店とほぼ同じです。とりわけ書店やCDショップなどは値付けでも差別化できません（再販制度によるものです）。

第一章で紹介した高級百貨店ハーベイニコルズの優れたクリエイティブアイデアは、その苦悩の中から出て来たものと言えるでしょうが、こういった場合の考え方は他にもいくつかあります。

アマゾンが日本に進出したばかりの頃、雑誌や新聞の広告を展開していたのですが、僕がそのコピーを書いていました。広告では「送料無料（一定の買い上げ以上）」をUSPにしましたが、これは僕が予想した以上に効果がありました。通販利用者はいったん「送料無料」を目にしてしまうと、他の通販サービスで送料を払うことがとてももったいなく感じるようなのです。アマゾンはその心理に目を付けたのですね。彼らの躍進は「送料無料」が下支えになっています。このようにターゲットの本音や欲求からUSPの種をがんばって見つけるというまっとうな戦略がひとつ。

コモディティ化が進みすぎて商品に差が全くない場合は、商品名をCMソングにして刷り込んだり、好意度を獲得してファンを作ったり、そういうやり方も一定の効果があります。そのCM露出に合わせてお店が商品をいい場所に並べてくれたりするからです（一般にCM出稿は流通の協力を得るため、という側面もあります）。

現実を言うと、目にする広告はそういうものが非常に多いです。しかし、多いから正しいというわけではありません。強いUSPを打ち出す商品が出て来ると席巻されてしまうこともまた多いのです。「マルちゃん正麺」は「麺」の品質をUSPとして押し出すことで新しい商機を切り拓きました。パッケージを見るとわかるのですが、通常ラーメンの写真ではまん中に置かれるべき具材が端っこに寄せられています。ラーメンを見慣れた感覚からすると妙な写真ですが、「麺」に自信アリ、と無言のメッセージを放っている優れたアートディレクションです。

これが「正麺」の意味を際立たせてくれています。コモディティ化をあきらめず、はねのけた例と言えるのではないでしょうか。

USPは、「これ」という強いものがどんどん作りにくくなってきています。だからといって軽視していいものではありません。依然として、そこをがんばった商品が勝ち残ることが多いからです。それに、そこをあきらめるとナショナルブランドと言われる大手メーカーはやっていけません。プライベートブランドだけでいい、ということになるからです。実際、西日本のスーパー「LAMU」は格安商品だけにラインナップを絞り込むことで業績を拡大しています。

「ターゲットインサイト」とは

では、例題に戻ります。敵の強みと、それに対抗するための自分の強みがわかったら、次はターゲットです。誰がその強みに価値を感じてくれるか、です。ワープロソフトは、ビジネスで使うものだから会社員がターゲットでしょうか。

そんな単純ではありません。ほとんどの会社で、『Word』は支給されているPCに標準搭載されているはず。USPが〝価格の安さ〟だった場合、タダで使っている人たちにそこを訴えたって響きそうにありませんよね。それよりも、自営業の人たちや、大学生など、その周辺の人たちの方が見込みあるんじゃないでしょうか。現時点で『Word』にお金を払う必要のある人です。ではその人たちの「本音」はどういったものでしょうか。**ターゲットが秘めている本音、欲求、不安、そういった心情を「ターゲットインサイト」**と言います。これも非常に重要な概念です。ここでその説明をします。

大切なことなので根源的なところからお話しします。人間にとって（と言うか全ての生物にとって）、生存する究極の目的は「子孫を残すこと」にあります。違う角度から言うと、過去には子孫を残そうと行動しない生物もいたかもしれませんが、そういう生物はとっくに絶滅しているはずで、子孫を残すことを本能として持っている種だけが現在の地球に生き残っているわけです。子孫と言いましたが正確には「自分の遺伝子を濃く持っている個体」です。

その究極の目的のためには、まず、自分が安全でなければなりません。生き延びるためには食べなければならず、子孫を育てるためにはお金がなくてはならず……と、人間の欲求には子孫を残すために直接的に関わるものから間接的なものまでいろんなレベルがあります。これらを重要度で並べたのが有名な「マズローの欲求段階説」です。人はそれぞれ下位の欲求が満たされると、その上の欲求の充足を目指すというもので、下から順に、生理的欲求、安全欲求、帰属欲求、自我欲求、自己実現欲求という順になっています。下にあるものほど原始的で強い欲求です。こういった欲求や不安、憧れ、価値観といったものは、いつも顕在化するわけではなく、意識下に潜んでいます。これが「インサイト」です。

普段、人は常に何か行動の目的を意識しています。あと1時間この本を読もう、そろそろトイレ行こうかな、今日はピザの宅配でも注文しようか？　など。しかしそういった顕在化している意識下で、無意識に漠然とした、カタチにならない欲求や不満をくすぶらせているものです。そこに「えっ、私、年収少なすぎ!?」といったバナー広告が眼に飛び込んでくると、「あっ、そうそう、私、働きのわりには収入少ない気がしてたのよ！」と、インサイトが意識上に飛び出てきて、バナーをクリックするわけです。これがアウトバウンド系広告の基本的メカニズムです（**企業からターゲットにアプローチすることを「アウトバウンド」、興味ある商品をググるなど生活者からアプローチすることを「インバウンド」と言います。この本で書かれている内容は主にアウトバウンドに関するものです**）。

そして、

ターゲットインサイトは見つけるもの

です。決して作るものではないので間違えないようにしてください。

ここでちょっと僕の失敗例を出します。メガネスーパーのＵＳＰは、細かな「検査」システムです。一般的に視力がいいというのは、遠くの方が見えるということですよね。でもその考え方は、旧日本軍の徴兵検査の名残のようです。つまり、遠くの敵兵をすぐに見つけて射とめるためには遠くが見える視力が必要だったわけです。しかし、今のビジネスシーンで遠くを見る必要はほぼありません。遠くを見るように最適化されたレンズで近くを見ながら仕事をするのが原因で、ビジネスパーソンの多くは疲れ目や眼精疲労になってしまっています。

そういう、実態に適していないメガネのことをメガネスーパーは「疲れメガネ」と呼び、ターゲットは「疲れないメガネを欲している」インサイトを持っている、という仮説を立てました。そこに即して、「上下左右３６０度全てラク」というコンセプトのメガネを打ち出すＣＭを展開したのですが、反応は鈍かったです。つまりそういうインサイトはなかったのに、僕らがあると決めつけて、「作って」しまっていたのです。

実際のところは、メガネで疲れているという認識はターゲットにあまりなく、ＣＭの15秒のストーリーでは理解までいかないようでした。ただ、だからといってメガネスーパーのＵＳＰ

が変わるわけではなく、ターゲットを変える必要もありません。軽量フレームや老眼鏡を求めて来店する人たちに店頭でしっかり検査の意味を伝えていく、という作戦に切り替えたところ、売上げはその後めざましく上昇を始めたのでした。

この失敗の要因は、調査をしないでインサイトを決めつけてしまったことだと僕は思っています。インサイトを見つけるために有用なのは、やはり少人数のグループインタビューでしょう（「定性調査」という言い方もします。多くの人に設問をするやり方を「定量調査」と言います）。ターゲットの話を聞いていると、「ああ、そんなふうに考えているのか」という、何らかの発見があるものです。僕はグループインタビューには必ず立ち会いますし、調査会社に頼まないまでも、自分のツテでターゲットに近い人たちを集めて話を聞いたりします。また、非常に簡易なやり方としては、WEBの掲示板やユーザーレビューを見るなど。ターゲットの赤裸々な会話から見つかるものもあるし、彼らのムードが掴めます。とにかく、インサイトは見つけてくる、拾ってくるもの。「こうだろう」と決めつけるのは危険なことです。

アンチエイジング美容液のグループインタビューでの話。その美容液は女性ホルモンが含まれていて、閉経でホルモンが減った女性の肌にいいというコンセプトでした。僕はその説明文に、「閉経後の女性ホルモン減少に云々～」と書いたところ、それを読んだ女性たちは大反発。「ま、閉経だなんて……！」「デリカシーなさ過ぎ！」「これを書いたのはきっと男よ！　男だわ！」と大騒ぎ。僕はもうそこから逃げ出したくなりました。閉経というのは女性にとってかなりネガティブなイベントで、何か対策をしなければという焦燥感はあるんです。でも「閉経」という言葉を見るのはイヤなんです。たとえ調査の説明文であっても……！　そういった微妙なインサイトは想像でわかるものではありません。グループインタビューの参加者にコンセプトを提示した時に、ボコボコに言われて凹むこと多いですが、それでもできる限りグループインタビューはすべきです……。

さて、また話が飛びました。例題に戻ります。では『Word』ユーザーのインサイトとはなんでしょうか。彼らは『Word』の特別な機能に惹かれて使っているのでしょうか。そういう話はほぼ聞いたことがありませんね。「みんなが使っているから自分も使っている」。彼らが『Word』を使用しているのはその程度の理由でしかないでしょう（「その程度」と言いましたが、このポジションを確保できるのはすごいことです）。では、互換ワープロに乗り換える時の不安はどういうものでしょうか。「本当に、同等の機能があるのだろうか。後で困らないだろうか」といったところが主でしょう。だとしたら、広告コピーは、「4分の1の価格。なのに機能はWordと全く同じ!」といったものでいいわけです。

なんだか簡単すぎますか? そう感じたなら、あなたはだんだん広告コピーというものがわかってきたということです。基本はそんなに難しいものではありません。

では、担当商品であるワープロソフトのUSPが、「英語の翻訳機能が付いている」だったらどうなるでしょう。普通に考えれば、コピーは「英語翻訳機能まで付いて、ワープロ機能はWordと同じ!」といったことになるでしょう。しかし、よく考えてみると、ワープロに翻訳機能は必要でしょうか。日常業務で翻訳作業が必要なら、もっと高機能な翻訳ソフトが存在します。ネットの英語サイトを訳すならGoogle翻訳が使いやすいでしょう。「英語翻訳」がキャッチに入っていると逆にそこで興味をなくす恐れがあります。僕なら「Wordの機能はそのまに、ビジネスパーソンお役立ち機能をさらに追加!」とやって、いったん引き込んでから「英語翻訳」の詳細な情報がわかる構造にするかもしれません。こんな風に、一見すると効果的なUSPに見えても、よくよく考えるとインサイトとずれている、なんてことはよくあるので注意してください。

ところで、サントリーという企業はターゲットインサイトを捉えるのが上手だなと思います。たとえば缶チューハイの「ほろよい」は若者を中心に大ヒット商品となりましたが、僕のようなオヤジが飲むと、甘ったるいジュースのようでやや辟易とします。僕らの若い頃は強い酒を朝までぐいぐい飲むのがカッコいい大人、という価値観があったのですが、今の若い人たちの間では「アルコール臭い酒はいやだなあ。一杯ぐらい飲んでちょっと酔えるぐらいで十分なんだけどなあ」といった本音があるのだと思います。そこに「低アルコールでアルコール臭が少ない」というUSPで商品を出したところ、ターゲットと缶チューハイの新しい関係を創ることに成功した、ということです。

その一方、若い人たちの中には「高アルコールで安く酔っ払いたい」というインサイトも存在します。それをうまくすくい上げたのが「角ハイボール」です。ビールよりも低コストで、爽快感があります。ホッピーがちょっとおシャレなカタチで蘇ったということかな、と僕は見ています。

同じように、Appleもインサイトを捉えるのが上手いと思います。僕はずっとWindowsPCを使っているのですが、理由は、Macと比べて、パーツを自由に選んで自作機としてカスタマイズできる柔軟性があるのと、フリーウェアやシェアウェアなどソフトの種類が豊富だからです。WindowsPCもMacも、今やハードの独自性はほぼなく、違いはＯＳだけ。Adobe社のソフト『Photoshop』や『Illustrator』もWindowsPCで使用できるので、もはやデザイナーであってもMacを選択する合理的理由はないと僕は思っています。

しかし、AppleファンがMacを使用する主な理由は合理的なところにはないでしょう。彼らの多くはAppleの哲学や思想に「惚れている」のだと思います。広告クリエイターのほとんどはMacを使いますが、「Think different」というスローガンが、「オンリーワンでありたい」という彼らのインサイトに直結しているのでしょう。Appleもシェア維持のために「イケてるやつらが使っている」イメージが重要であることはちゃんとわかっていて、ハリウッド映画のほぼ半分にApple商品を登場させるなどして（プロダクト・プレイスメントという手法です）存在感を高めようという努力を怠りません。

脳波を測定するfMRIにかけるとMacユーザーのAppleへの反応と熱烈な信者の宗教への反応は同じなのだそうです。ソフトの種類の多さなどは歴然としたWindowsPCのＵＳＰではありますが、惚れちゃった人たちには響かないでしょう。今の会社を立ち上げる時、僕はデザイナーもWindowsを使うべきじゃないかと主張しました。なぜなら、僕らがデータをやり取りする広告主や広告会社ではWindowsが主に使われているから、サービス業である自分たちもそれに合わせるのが筋だろうと。でも、全く話になりませんでした……。

この本を書いている2014年度、インサイトを見つけることで最もヒットした商品は「妖怪ウォッチ」ではないでしょうか。子どもには子どもなりのいろんな悩みがあるのだ、ということをアンケートで見つけ出し、その悩みの原因は妖怪が取り憑いているからだ、という設定にしたんですね。これまでのアニメやTVゲームとは違い、子どもたちは「わかるわかる」と共感を持ってこのコンテンツを楽しんでいるのです。

いろいろな例を出しましたが、インサイトを見つけることの重要性が理解してもらえたでしょうか。

タグラインが先、キャッチフレーズは後

ここまでワープロソフトの簡単な例題を通じて、いろいろなことをお話ししました。競合の強みを知り、自分の預かっている商品の強みを知り、USPを見つける。そして、ターゲットを決め、ターゲットインサイトを発見する。ここまでに時間の9割を使ってください。実際にペンを走らせる時間は1割で十分。こういったマーケティング的思考（ストラテジーとも言います）は広告コピーの足腰です。自動車で言えばエンジンのようなもの。エンジンは外からは眼に見えない。しかしエンジンがなければ自動車は走れない。道を走る自動車の外観だけで自動車を評価できないように、広告表現の外観だけで「あれカッコいい」とか「あれカワイイ」とか言っていてはプロとは言えません。エンジンがない自動車が何も運ばないように、マーケティング的思考の支えがない広告コピーもまた商品を動かしません。僕は世に出ている広告を見て、それがただの突飛な表現か、しっかりした戦略が込められているか、だいたい見当がつきます。

広告コピーにはマーケティング的な思考が重要ですが、そう考えていくと、コピーを書く時に先に書くのはタグラインであるべきです。キャッチフレーズはその後。その理由は、繰り返しますが、タグラインの方が重要だからで、戦略そのものだからです。

タグライン、キャッチフレーズの関係について、ひとつわかりやすい手本を通じて考えていきましょう。

僕は毎週、日曜日の朝は7時半に起きて、寝室のテレビでTBSの「がっちりマンデー!!」を観るのですが、そこでACEというトラベルキャリーケースの会社がCMを流していました。

そのCMのタグラインは、

「預け入れ国際基準対応で、容量最大級」

というものでした。

預け入れ荷物の基準が厳しくなり、2014年現在、基準を超えるトランクだと追加料金が発生するのです。ACEのキャリーケースは新基準で収まって、しかも100リットルの荷物が収められるのです。これはなかなか優れたスペックで、調べてみると、競合のキャリーケースだとだいたい50リットルから60リットルの荷物しか収められません。ACEはまさにここをUSPと定めました。そして、ターゲットは「出張で飛行機を頻繁に使うビジネスパーソン」。彼らがよく観る番組としてTBSの情報番組を選んだのです。ターゲットインサイトは「基準が変わって今までのトランクだと追加料金が取られるようになった。このままだともったいない」といったところでしょうか。彼らがこのタグラインを見て、「追加料金なしで大容量ならアリかもしれない」と心理変容することを期待しているわけです（**心理変容とは、砕けて言うと「この商品を使うのはアリかもしれない」と感じることです**）。

マーケティング的思考でタグラインが定まったら、次はキャッチフレーズ。キャッチフレーズは何を表現すればいいのか。アメリカの往年の名コピーライター・ジョン・ケーブルスは重要な要素を4つ挙げています。それは、

1 ターゲットの利益
2 新しさ
3 好奇心
4 シンプル＆スピーディ

です。一言にまとめると、

ターゲットに、「自分に関係ある話かも」と一瞬で感じてもらうこと。

となるでしょう。

特に「一瞬で」が大事なのですが、コピーライターを目指す人の多くはこの逆が〝いいコピー〟と勘違いしています。「これ、どういう意味?」と疑問を持たせたり、奇抜な表現で目を止めさせたりするコピーです。そういうものをしっかりと見てくれるのはコピー学校の講師だけ。しかも、講師がひとつひとつ丁寧に見てくれるのは添削してダメ出しするためです。もしかしたら、実際の広告もターゲットが丁寧に見てくれると錯覚しているのでしょうか。現実は、そんなものに付き合ってくれるターゲットはいません。一瞬にしてピンと来るものがなければそのまま無視されてしまうのです。

ACEのキャッチフレーズは

「NEW RULE. NEW SIZE.」

というものでした。この言葉だけではキャッチフレーズとしてほとんど機能しません。ただし、このコピーは空港のチェックインカウンターのビジュアルとともに置かれています。出張の多いビジネスパーソンなら、そのビジュアルと併せて、「ああ、手荷物基準が変わったことを言っているな」とピンと来るわけです。そして、「自分に関係ある話かも」と思う人も多いでしょう。もちろん他の言い方でもかまいません。

ここで、他にどんなキャッチフレーズの可能性があるか考えてみましょう（ＡＣＥさん、素材にしちゃってスミマセン）。

第一章でもやりましたが、まず「共感」を生み出すやり方。ひとつはこの商品がないことによる悲しみ、不幸ＭＡＸ。それはどういうシーンでしょう。たとえば基準が変わったことを知らずにそれまでのトランクをカウンターにおいて、追加料金を請求されるシーンが考えられますね。ならばキャッチフレーズは「えっ、超過料金４０００円!?」など。

ではその逆に、この商品を買ったことによる喜び、幸福ＭＡＸ。初めてこのトランクをカウンターに出して、通過する時じゃないでしょうか。キャッチフレーズは「セーフ!!」でもいいと思います。

ターゲットの声をキャッチフレーズにするのは強いです。たとえば、サッカー解説の松木安太郎さんは解説中に「おいおいおい〜」「ファウルだぞファウル」など、居酒屋でサッカー観戦しているオッサンが口にするようなことを言います。だから大人気なんです。視聴者からすると、自分が使う言葉を聞くことのシンクロ感が気持ちいいんです。コピーも同じ。コピーライターは、「コピーライターとして」コピーを書いてはいけません。ターゲットになり切って、この場合は「出張で飛行機を頻繁に使うビジネスパーソン」に、役者のようになり切って書くんです。彼らがぽろっと心でつぶやくような言葉がいいんです。「えっ、超過料金4000円!?」で充分効果があります。

未熟な人がよく書くのは「出張に行った。今回からホテルのランクが落ちることになったのは、なぜだろう。」みたいなキャッチフレーズ。意味を尋ねると、「これは、基準が変わって追加料金が取られたことで、その分ホテルを安くしないといけなくなったので、新しいトランクを買わなきゃ、ということを意味してましてて……」と語り出すような。こういう「どうよ！コピーライターが書いたコピーはよく考えられているでしょ！」的なコピーを見ると、僕は気が滅入ってきます。「商品があることによる喜びＭＡＸ」と、その裏返しの「商品がないことによる悲しみＭＡＸ」は、キャッチフレーズの基本と覚えていてください。

キャッチフレーズの例、もう少し続けます。試みとして、あえて、コピーの話者をターゲット以外にしてもいいでしょう。先ほど事例に出した「セーフ!!」というコピーを、トランク自身が言うとどうなるでしょうか。「通過ァー!」などは、かわいくていいんじゃないでしょうか。ACEの開発者なら?「通過できるギリギリ、攻めました。」など、どうでしょう。なんか開発者の熱さ、こだわりが感じられないでしょうか。カウンターの係員なら?「あ、通過しちゃった……」とか?「驚き」や「不思議」というイメージが商品にくっついてきます。誰の発言でもない言葉というのもあります。「いつまで超過料金払い続けるんですか?」と挑発するなど。理屈では広告主ということになりますが、通りすがりの人かもしれません。キャッチフレーズの発言者を変えていくと、コピーを書くときの幅が広がる、ということも基本として覚えておくといいです。

グラフィック広告であれテレビCMであれ、必ずビジュアルはありますから、そこととの兼ね合いでキャッチフレーズは決まります。ビジュアルで超過料金を請求されていることがわかるのなら、キャッチフレーズは「聞いてないんですけど。」だけでもいいのです。誰かの言葉でなくてもかまいません。「新国際基準以内で、100リットル。」など、あえてスペックをそのまま言って、タグラインも兼ねる。こういった場合は堂々感、すごいのがキター的な気分が大事です。特に数字は説得力をもたらす効果があります。僕が若い頃に書いたコピーで「あと百年、これでいく。レミーマルタン」というものがありました。レミーマルタンというブランデーのコピーです。このコピーでいろいろな賞をいただいたのですが、これは「本当にこの先も、昔ながらの製造法や深緑ボトルを変えずに続けていきますか？　たとえば百年とか」とレミー家の当主に確認したら「Oui.」と約束してくれたので「よしやろう」となりました。数字はごまかしようがない分、言葉としても強いのです。

ほかにも、空港周りの決まり文句を利用する手もあります。「ご出発前の最終ご案内です。新トランク、新国際基準以内で100リットル。」など。さっきのコピーをちょっと遊んだカタチですが、こういう決まり文句を利用したキャッチフレーズにすると「出張に関係あるもの」「飛行機に関係のあるもの」ということが一瞬でわかります。

「選ぶ」「買う」行為に直結させる言い方でもいいでしょう。「トランクは、新国際基準対応で選びましょう。」など。買うポイントはここですよと教えてあげるわけです。

比較するやり方もあります。「新国際基準対応。あなたのトランクは……何リットル？・」など。じっさいにこの商品は優れているので、比較まで持ち込めば勝ちでしょう。

キャッチフレーズの作り方は、ここに挙げた以外にもいろんなやり方があると思います。自分独自の書き方を見つけるのも楽しいと思います。

違う言い方をすれば、キャッチフレーズはどれにしても効果にさほど大きな差は出ないでしょう。しかしタグラインの正解は多くありません。

いま紹介したトラベルキャリーケースのCMは、表現として特別際立っているわけではありません。しかし、自動車の喩えで言えばエンジンがしっかりしています。USP、ターゲットの考えができているから、広告として機能します。まずは、USP、ターゲットの考え方がしっかりとした「機能する広告」を目指し、その上で、話題になりそうな表現、さらに印象に残りそうな表現、という順番でチャレンジしていかないとプロとしてやってはいけません。「型破り」とは「型」をわかった人だけができるものであって、型を知らない人がトライするとただ「形無し」、デタラメにしかならないのです。

では、もしもACEの〝競合商品の広告コピー〟を依頼されたら、どう考えるべきでしょうか？　ACEの強みは優れたスペックだと思います。じゃあ弱みは？　僕が調べた限りでは、おそらく価格でしょう。通販で買えるキャリーケースなら、ACEの数分の一だったりします。もし担当商品のUSPが「価格の安さ」ということで、ACEをベンチマークとして考えるなら、タグラインは、「新国際基準対応で、9500円！」といったものがいいんじゃないでしょうか。この時、収容できる容量を言わないほうがいいでしょう。不利なことを声高に言う必要はありません。広告は、自らに有利なことを表に出し、そうじゃないことは引っ込めるんです。ACEもCMで価格には全く触れていません。これは広告で人を騙しているわけではありません。価格と容量、どっちを優先するのか選択肢を提示しているのです。

ダイレクト広告のコピーについて

この章の最後に、ダイレクト広告について少し触れることにします。**ダイレクト広告とは**

「ダイレクトレスポンス広告」の略。お店などを介さずに資料請求や購買などの顧客の反応（レスポンス）を直接得ることに特化した広告形態です。

僕はマス広告クリエイティブ出身なので、この本もややマス広告を意識しながら書いていますが、この本の読者には通販などダイレクト系のコピーを書いている方も多いでしょう。根っこの部分はどちらも同じだと思うのですけど、決定的な違いは、マス広告はお店と切り離されていて、**ダイレクト広告はそれ自体が店舗である、**というところです。

「ＡＩＤＭＡの法則」はご存じでしょうか。広告を見てから購買に至るまでの流れを表したものですが、生活者はAttention、Interest、Desire、Memory、Action、つまり、広告で注意を喚起され、商品に興味を持ち、欲しくなり、記憶して、購買する、という順を必ず辿るという法則のことです。たとえばコンビニに行ってアイスクリームを買う時、「あ、ＣＭでやってたガリガリ君の新作が出てる！　買おう」となったとします。このとき「ＣＭでやっていた」と記憶してもらっていることが重要です。これがなければ店頭に商品を置いても素通りされてしまうかもしれません。ただしこれはマス広告の場合であって、ダイレクト広告ではちょっと違うことになります。「ＡＩＤＡ」と言うべきか、「Memory」の必要性は高くありません。なぜなら、広告を見たその場でフリーダイヤルに電話してもらうか、ＷＥＢから申し込んでもらうかなどして、行動してもらわないといけないからです。ダイレクト広告は、「そこのお母さん、アンチエイジングはちゃんとやってる？　新しいスキンケア出たんだけど試してみない？　タダでいいからさあ」などと、露店から道行く人に声をかける呼び込み店員のようなものです。

コンビニやスーパー、あるいは量販店などの店舗は、生活者は毎日の習慣で訪れます。だから、商品はそこに置かれてさえいれば、その日に選ばれなくとも別の日に選ばれるチャンスがあります。しかし、通販商品はそうはいきません。広告以外に生活者の目に触れる機会はないからです。だから、広告が店舗であり、セールスパーソンでなければいけないのです。

ダイレクト広告のキャッチフレーズは、先述したようなキャッチフレーズの作り方とそんなに大きくは変わりませんが、「商品を買うことで得られる喜びＭＡＸ」で作られることが多いです。

たとえばサントリーウエルネスの健康サプリメント『セサミン』は、歳を取っても若々しくスポーツしたり登山したりしている人たちの満ち足りた気持ちに「年齢は、問題じゃない。」

といったキャッチフレーズが乗ってきます。

マス広告ではキャッチフレーズの後は〝タグライン〟に誘導しますが、ダイレクト広告ではキャッチフレーズの後は商品の説明文、そして〝クロージングコピー〟に誘導します。これは、買ってもらうための最後の背中押しをするコピーで、「記憶」ではなく「決断」を促すためのものです。

クロージングコピーとは具体的にどういうものでしょう。

僕は学生の頃、デパートで洋服の売り子をしていました。その時の経験では、迷って、「また来ます」と言って店から出て行ったお客さんはほぼ100パーセント戻って来ません。「これ買っちゃおうかな〜どうしよかな〜」と迷っている時に決断しないと、店から出て冷めちゃうと「あの服なんであんなに欲しかったんだっけ？」となってしまうわけです。

ではどうするか。もし僕に権限があれば、迷っているお客さんにはすかさず、「じゃあ今回だけ、1割引きにしますよ！」などと言ったでしょう。あるいは「じゃあ今回だけ、このベルトをサービスでつけますよ！」など。お客さんは「えっ、だったら買う買う！」となるかもしれませんよね。ダイレクト広告のクロージングコピーとはその場での決断を促すための提案をするものです。

キャッチフレーズを読んで、さらに商品の説明文まで読んでいるターゲットというのは、すでに買おうかどうか迷っている状態なんです。でも、フリーダイヤルで資料請求の問い合わせをする、WEBで申込をする、そういう行動を取るにはまだ心理的にハードルを感じている。そこにすかさず、「今だけ、1ヵ月分無料！」とやるわけです。あるいは「あと残り5セットとなりました！」とか。最近は「気に入らなければ返品可」もよく目にします。そうやって最後のハードルを越えてもらうということです。

ただし、いま述べたようなことは目新しいやり方ではありません。ターゲットはすでに慣れっこになっていて、現在、日本中のダイレクト広告に反応するターゲットの率は低下の一途を辿っています。その中で、広告の成功率を高めるためには熟練したスキルと経験が必要です。コピーライターにとって非常に難しい分野になってきていると言えるでしょう。

ただ、ダイレクト広告はA／Bテストと呼ばれるクリエイティブテストを繰り返して効果の高い表現を作り上げていくことができます。コピーAとコピーBを使った広告を実施して、良かった方を採用。次は、少しだけ内容を変えたコピーBとコピーB′を……とブラッシュアップしていくわけです。大きな失敗をしない、石橋を叩くやり方と言えましょう。WEBではいろんなデータが如実に出ますので、うまくいった要因、うまくいかなかった原因を探ることもマス広告に比べると容易です。

一方、マス広告は店頭に商品が並ぶタイミングと連動しなければいけないので、テストをしている余裕がありません。一発勝負なのです。失敗も成功も大きいと言えます。そういう点で、どちらにもそれぞれの厳しさがあると言えます。

第一章、第二章を通じて、広告コピーの考え方、書く手順がわかってきたでしょうか？

次の章では、もっと俯瞰的に、ブランドとはいったい何なのか、CMの役割とはいったい何か、そのあたりを説明してみようと思います。

第二章のおさらいと用語解説

❖ マーケティングとは

「営業や販促活動、広告活動をしなくとも商品が勝手に売れていく状況」に少しでも近づくための学問。広告活動より大きな概念で、広告活動と対立する部分もある。

❖ ストラテジックプランニングとは

マーケティングから広告活動に関わる機能を抽出した概念のこと。

❖ コピーを書くときのマーケティング的思考

競合を調べ、商品のUSPを見極め、ターゲットを決め、彼らの欲求や不満、不安に思いをはせる。こういったことが「コピーを書く」ということの本質。ここに9割の時間をかける。実際に書くのは最後でよい。

❖ 商品特徴とUSPは違う

USPとは、あくまで「競合に対しての」優位性を言います。競合ありきじゃないと存在しない概念。大事なことは、敵を誰と考えるか。他社商品とは限らない。

❖ ターゲットインサイトとは

ターゲットの本音、欲求、不安、そういった秘められた心情のこと。必ずしも商品に対してというわけではない。

❖ ターゲットインサイトは見つけるもの

決して作るものではないので間違えないように。

❖ タグラインが先、キャッチフレーズは後

タグラインは戦略そのもの。キャッチより先に書く。そこではターゲットにとって、その商品がどのような価値を持つのか、を書く。

❖キャッチフレーズで表現すること

ターゲットに、「自分に関係ある話かも」と一瞬で感じてもらうこと。

❖キャッチフレーズ表現の基本

「商品があることによる喜びＭＡＸ」と、その裏返しの「商品がないことによる悲しみＭＡＸ」の2つ。

❖ダイレクト広告とは

「ダイレクトレスポンス広告」の略。お店などを介さずに資料請求や購買などの顧客の反応（レスポンス）を直接得ることに特化した広告形態。

❖ダイレクト広告のコピーについて

ダイレクト広告のキャッチフレーズは、「商品を買うことで得られる喜びＭＡＸ」で作られることが多い。マス広告ではキャッチフレーズの後は〝タグライン〟に誘導するが、ダイレクト広告では〝クロージングコピー〟に誘導する。

❖クロージングコピーとは

ダイレクト広告で決断を促す役割を担うコピー。

コピーライターに重要なキーワード

❖マズローの欲求段階説
人はそれぞれ下位の欲求が満たされると、その上の欲求の充足を目指すというもので、下から順に、生理的欲求、安全欲求、帰属欲求、自我欲求、自己実現欲求。

❖アウトバウンドとインバウンド
企業からターゲットにアプローチすることを「アウトバウンド」、興味ある商品をググるなど生活者からアプローチすることを「インバウンド」と言う。

❖心理変容
タグラインはターゲットが心理変容することを狙う。心理変容とは、砕けて言うと「この商品を使うのはアリかもしれない」と感じること。

❖ ＡＩＤＭＡの法則

広告を見てから購買に至るまでの流れ。

生活者はAttention、Interest、Desire、Memory、Action、つまり、広告で注意を喚起され、商品に興味を持ち、欲しくなり、記憶して、購買する、という順を必ず辿るという法則のこと。

ダイレクト広告では「Memory」の必要性はなく、「ＡＩＤＡ」となる。

回り道コラム②

２０１０年から２０１１年にかけて「タイガーマスク運動」が沸き起こりました。覚えていますでしょうか。児童福祉施設に漫画「タイガーマスク」の主人公・伊達直人の名前で大量のランドセルを寄付していく人のニュースが流れ、これは素晴らしいとマネをする人が続出し、ランドセルを中心に様々な品物が匿名で施設に寄付されました。しかしこの話、美談とも言いにくい部分があります。実は多くの施設にランドセルはすでに余っていたのです。施設は寄付で成り立っている弱い立場ですから、何をもらっても「迷惑です」とは言えません。ランドセルどころか、粗大ゴミのようなものまで「寄付」されても彼らは「ありがとうございます」と言い続けないといけなかったんです。

僕は数年前より児童福祉施設へ援助をしていますが、「東京善意銀行」という団体にサポートしてもらっています。この団体、東京都の施設を把握していて、必要なお金や物資を必要な施設に届けるロジスティックス（物流の最適化）をやってくれるんです。このおかげで援助が本当に役立つものになり、僕もやりがいを感じられ、施設の児童も喜ぶという関係が作れました。そしてこれはマーケティングの原則でもあります。

マーケティングとはそんなに難解なものではなく、言ってみれば、「相手の立場に立って考える」だけのことだったりします。「タイガーマスク運動」も、自分がいらないものを届ける、ではなく、何が必要か確認してから贈る、というものであればもっと素晴らしい運動になっていたと思います。ただ、これを自然にできる人は意外にいません。コピーライターも、どちらかと言えばエゴな人が多い印象があります。ターゲットのこと、クライアントのこと、チームのこと、相手や周囲のことを自然体で考えられる人が広告クリエイティブに向いているのですが。

コピーを書く時、「コピーライター」として書いてはいけません。もしその商品のターゲットが主婦なら、あなたは「主婦」として書くんです。役者のように主婦になり切って。そして、主婦ならこんなこと言われたら響くだろうな、と想像しながら自分のコピーを評価するんです。そのためには、いろんな世代や業種の人たちと交わるのがいいです。僕は地元神輿の会の役員をやらせてもらっていますが、町の人と交わるとそれまで想像できなかった顔が見えてきます。メーカーなど異業種の方の話を聞くのもいいでしょう。あまり同業種でつるんでばかりいるのは感心しません。「コピーライターの私」が書くコピーは、ターゲットの立場に立って書いたものではなく、独りよがりに過ぎません。もしその商品がコピーライターをターゲットとしたものなら効果出るかもしれませんが……。

第三章　そもそも広告って何

ブランドとは「気持ちいい記憶」である

あなたは「ブランドとは何か」と問われて、「ブランドとは○○である」という答えを持っていますか？　あるいは、「CMとは○○である」という答えは？

第一章、第二章と、コピーとはそもそも何ぞや、コピーを「考える」手順とは、について語ってきました。この次の第四章ではそのための心構えというか、コピーに向かう姿勢のようなものについて話そうと思います。が、その前にこの三章で「ブランドとはそもそも何ぞや」「CMとはそもそも何ぞや」といった考察をしてみます。

プロのコピーライターなら押さえておくべき知見だと思うからです。

そしてここも、いろんな誤解、思い違いが多いように感じられるのです。

突然ですが、僕は2ヵ月ほど入院していたことがあります。悪性軟部腫瘍という百万人に数人という珍しい症例で、さらにその中でも世界にまだ数十例しかないという非常に希有なもの。手術には15時間を要しました（「Doctor-X 外科医・大門未知子」第2シーズン最終回の大手術と同じ時間です！）。手術は完璧なものでしたが、脚が多少不自由になり、さらに感染症で高熱を出し、追加の腹部洗浄手術と、退院の日がどんどん延期になりました。退院後の生活への心配と、いつ帰宅できるのかわからない不安な日々の中、僕を癒やしてくれたのは電子書籍リーダーの『Kindle』でした。この『Kindle』は僕にとってのブランドです。僕の病院での体験を例に、ブランドの話をします。

僕が入院していた病院は医療チームの腕前が完璧で、術後の痛みもなく、病院食から僕の苦手な玉ねぎを抜いてくれたり、消灯時間を過ぎて起きていても叱られなかったり、個室なので音を出してテレビを観られたりと、かなり自由な環境でした。何から何まで看護師さんが面倒見てくれて、身体まで洗ってくれるんですよ。「老人ホームもこんな感じなら、このまま入ってもいいんじゃないか」とマジで考えましたねえ。

しかしその一方では、傷が安定するまでは上半身を起こすことも制限されていましたし、感染した菌が消えなければあと数ヵ月入院だの、人工血管に何かあったら右脚切断だの、剣呑な話も毎日されるわけです。ジェットコースターみたいに期待と不安が毎日錯綜するんです。たぶんそこからの逃避として、僕は21時の消灯時間から23時頃まで煎餅を食べながらノートPCで配信ドラマを観たり、そこから眠るまで『Kindle』で配信コミックを読んだり、そして朝起きたらすぐにTVのスイッチを入れる、ということを毎日していました。

その後、いくつかの奇跡的な幸運に恵まれ退院できたのですが（何の加護か、主治医も首をかしげることが起きました）、僕は退院後の今でも相変わらず寝る前にベッドで『Kindle』で配信コミックを読みます。入院生活でのリズムが身体に染みついてしまっているのです。そして、そうしないといられなくなっているのです。実はここにブランドの本質があります。

ブランドとは何か。Wikipediaによれば、「ブランド（英：brand）とは、ある財・サービスを、他の同カテゴリーの財やサービスと区別するためのあらゆる概念。当該財サービス（それらに関してのあらゆる情報発信点を含む）と消費者の接触点（タッチポイントまたはコンタクトポイント）で接する当該財サービスのあらゆる角度からの情報と、それらを伝達するメディア特性、消費者の経験、意思思想なども加味され、結果として消費者の中で当該財サービスに対して出来上がるイメージ総体。」となっています（2014年9月現在）。……よくわかりませんね。「ブランド」は、様々な人によって様々な定義がなされていて、非常に捉えにくく、あいまいな概念になってしまっています。

そこで、すごくシンプルに言います。

ブランドとは「気持ちいい記憶」である。

そう覚えていてください。

どういうことか、説明していきましょう。

これはかなり有名な話ですが、1975年に米で「ペプシ・チャレンジ」というキャンペーンが実施されました。目隠しの状態で人々にペプシコーラとコカ・コーラを飲み比べてもらい、おいしいと感じた方に票を入れてもらうという試みです。結果、ペプシコーラが勝ち、そのことを広告の題材にしたのです。しかし、興味深いのはこの先の話。ニューヨーク大学の心理学チームが、目隠ししない状態、つまり両方のラベルを明示した状態で同じ設問をしたところ、今度はコカ・コーラの方をおいしいと言った人が多かったのです。このチームはfMRIという脳波を測定する方法で被験者の状態を調べました。ラベルがない時はさほど活発に活動しなかった脳が、ラベル、特にコカ・コーラのラベルが貼ってあると、偏見、先入観に関与する部位が活動していたのです。これは何を意味するか？　それは、**人の嗜好は記憶に左右される**ということです。生まれて初めてコーラを飲んで、のどがスカッとする体験に驚き、それが何度も積み重なった結果、ラベルを見るだけでその〝のどがスカッとする気持ちいい記憶〟が蘇るようになったのです。その体験の積み重ねが、コカ・コーラの方が優っていて、「コカ・コーラの方が美味いに決まっているじゃないか！」という先入観を作り上げてしまった。「気持ちよさ」にはいろんなものがありますけども、**ブランドとは、ラベルを見ることでターゲットの中に気持ちいい記憶を蘇らせる作用**のことなのです。

そして、**ブランドロゴとはその記憶を蘇らせる「トリガー」**です。

子どもの頃、マクドナルドで「おなか一杯だー！」という気持ちいい経験を積み重ねると、大人になってもマック（関西なら「マクド」）のロゴを見るだけでその記憶が蘇り、「久しぶりにハンバーガーもいいかな」「たまには子どもたち連れて行くかな」などとなるわけです。

ビックカメラで格安のブルーレイレコーダーを手に入れた経験を持つ人は、ビックカメラのロゴを見ると、「何かお得なモノがまた買えるかも」と期待します。

毎日、仕事帰りにセブンイレブンで買い物していた人は、引っ越し先や出張先でセブンイレブンの看板を見るとホッとした安心感を得るでしょう。

キリンビールのパッケージには必ず「聖獣」マークが、サッポロビールのパッケージには必ず「北極星」マークが入っています。これがあることでビールを買おうとしている人は安心して手に取ってくれます。これがないと手に取ってくれません。そういう失敗例もあったと聞いています。

一般的には「ブランド」というと、メルセデス・ベンツやエルメス、シャネルなどの「憧れブランド」のこととなっています。広告業界の人もこれをけっこう混同していますが、本質的には「ブランド」と「憧れブランド」は区別して考えなければいけません。「憧れブランド」のことはいったん置いといて、ここでは「ブランド」の話を進めていきます。

僕らを動かしているもの

ブランドの概念も非常に重要なので、根源的なところからお話しします。

僕が小学生の頃、学校の帰り道に「貸本屋」がありまして、毎日そこで漫画を借りて帰りました。手塚治虫の『火の鳥』とか、赤塚不二夫の『おそ松くん』とか、永井豪の『ハレンチ学園』とか……天才たちのマスターピースが溢れていた時代でした。僕はその習慣を50歳過ぎた今でも続けています。ネットレンタルでコミックを借りて、特に気に入っているシリーズは購入します。我が家は8畳ぐらいの書庫が2つありますが、その1つは漫画専用です。

僕はもともと、ソファでおやつ食べながら漫画を読んでいるのが至福……という人間です。そういう人間もいれば、絵を描いているのが至福……という方もいるでしょう。皇居の周りを走っているのが至福……という方も。僕の女マネージャーのようにパチンコ打っているのが至福……という人も。

前の章で生物の究極の目的は子孫を残すこと、と言いましたけども、漫画を読んだり絵を描いたりすると、子孫が残るのでしょうか。なぜ僕らは、こういうことをやりたがるのでしょう。

そこには、ドーパミンという快楽物質が関わっていることがわかっています。そいつが出るとやる気になり、減ると無気力になる。つまり、人はそいつを出したり止めたりしながら、無意識に自分の行動を制御しているわけです。

『脳内麻薬―人間を支配する快楽物質ドーパミンの正体』（幻冬舎文庫刊）によると、次のような時に脳内にドーパミンが分泌しているそうです。

・楽しいことをしているとき
・目的を達成したとき
・他人に褒められたとき
・新しい行動を始めようとするとき
・意欲的な、やる気が出た状態になっているとき

・好奇心が働いているとき
・恋愛感情やときめきを感じているとき
・セックスで興奮しているとき
・美味しいものを食べているとき

もう、人が前向きになっている時のほとんどです。これほどに僕らはドーパミンに支配されているわけです。

ではなぜこういうものが必要かというと、「これはやる価値がありそうだ」というものに目印を与えるためです。そしてその目印ができる基準は、習慣が大きいのです。

たとえば世界で初めてタコを食った人がいたとしましょう。彼は、最初、このタコを美味いと思ったでしょうか？　そんなはずはありません。毒で死んでしまうかもしれないようなものに、美味いも不味いもありません。でも、食べても何ともなかった。どころか、ちゃんと栄養があった。もう一回食べてみる。何ともない。ではもう一回……とやっているうちに、脳は、「タコ、もっと食べろや！」と指示を出すためにドーパミンを分泌するのです。原始の時代には、容易に手に入るタンパク源は貴重です。そして、その人は「タコ、うまい！」と感じることでタコが大好物になっていき、積極的にタコを探すようになります。僕らが食べ物や飲み物に「美味い」と感じるのは、基本的にはこういう原理によるものです。習慣的に飲食するものが美味いのです。「お袋の味が一番」というのもそうでしょう。

以前、こういうことがありました。「新ジャンル」と呼ばれるビール風アルコール飲料を日常的に飲んでいる方々に、「新ジャンルの新作」と偽って、ちゃんとしたビールである「一番搾り」の秋期限定商品を飲んでもらったのです。それは、僕からするとそうとう極上の出来でした。さぞや「何これ！　ほんとに新ジャンル!?」という反応が返ってくるかと思いきや、ものすごいブーイング……。「何だかスカスカだねえ」「こりゃ改悪だよ」と散々。つまり、彼らにとって最も美味しいのは「いつも飲んでいる新ジャンル」だったのです。

まだ30代の頃、ある広告会社のドイツ人社長に気に入られて、よく飲みに連れて行かれました。彼はものすごいワインオタクで、そのこだわりは半端なかったです。でも、彼が勧めるワイン、美味いんだか不味いんだか、僕には正直わかりませんでした。彼が美味いと言うのだからきっとこういう味わいを美味いと言うのだな……と思いながら飲んでいると、いつしか、彼の勧めるワインの美味さがわかってきたのです。僕は若い人を連れてあちこち食べに行ったりしますが、きっと彼らもその頃の僕と同様、出されたものが美味いんだか不味いんだかわからない、というのが本当のところではないでしょうか。きっと彼らにとっては「中西」の味が最高なんだろうと思います（わからない方はスミマセン）。

何度食べても栄養がある、毒ではない、これが積み重なると、脳はそれを奨励するためにドーパミンを出します。では、それが身体に良くはないが、直ちに影響を与えないようなものだとどうなるでしょう？　やはり、ドーパミンが出てしまいます。人は本能によって食べてはいけないものはだいたい回避するようにできています。しかしそのフィルターのないものも存在します。例えば、塩分、糖分、脂肪分などの過剰摂取は体によくない、とされていますね。これらが普通に手に入るようになったのは人類の歴史からするとごく最近です。人間の主な本能が確立したのは狩猟採集時代で、その当時は塩、脂身、砂糖は入手困難なものでした。これらを使用した飲食物は危険察知フィルターをくぐり抜けてしまうのです。ちなみにこの3つが揃った食べ物はラーメン、ハンバーガー、牛丼、などです。アルコールや煙草も本能フィルターをくぐり抜けます。麻薬もそうです。

最近の僕はベッドの中で、『Kindle』で配信コミックを読んでいる時にドーパミンが大量に出ているのだと思います。

脳が勘違いして過剰にドーパミンを出す状態を「依存症」と呼びます。

これは僕の個人的な考えですが、人は何かに依存して生きているものだと思うのです。TVゲームの設計というのは、ドーパミンをうまく出し続ける設計のことを言います。最初はイージーに、敵を倒すことで褒められたりコインを稼いだりして気持ちよくなってもらいます。でも慣れてくるとつまらなくなるので難度を少しずつ上げていきます。そうやってドーパミンを出したままラストまで続けてもらうのです。ソーシャルゲームが流行っているのは、ドーパミンの出し方が旧来のTVゲームよりも巧妙になっているということです。最初にどかんとアイテムやコインを与え、ゲームの世界に引き入れた後は、プレイヤーのデータを見ながらリアルタイムで難度やアイテム出現率などを調整して、ドーパミンが途切れないようにするわけです。これはDVDやダウンロードなどのパッケージソフトとして供給するTVゲームにはできない芸当。だから、ソーシャルゲームにハマる人が続出しているのです。

同じ人が、朝から晩までＴＶゲームをプレイしたり、ソーシャルゲームに高額課金したり、アイドルにハマってみたり、とその人の「ブーム」が変わっていくのは、よりドーパミンを分泌してくれるものを求めてさまよっていると言えます。これは誰だってそうで、映画が趣味の人も、バーでロックグラスを〃からーん〃と揺らすのが好きな人も、パチスロが好きな人も、ギャンブル全般が好きな人も、「依存」という意味では同じことをしているんだと思うんですね。ただ、依存にも危ない依存と危なくない依存があります。アル中やヤク中は人生が崩壊してしまいます。限度を超えたギャンブル狂も危ない。僕は、誰もが何かに依存しているという前提で、安全で楽しい依存を提供していくのが企業の役割であると認識しています。

さて、いろいろな前提をお話ししましたが、ブランドの本題へ。

最初に、**ブランドは「気持ちいい記憶」と言いましたが、これは軽い依存のこと**です。気持ちいい体験が積み重なるほど、先ほどのコカ・コーラのように、ラベルを見るだけでドーパミンが出るんです。脳が「これまで飲んで何ともなかったろ？　なら、コカ・コーラ、今度も飲んどけや」と言うんです。でもとりあえずこれで大きな害になることはないでしょう。むしろ飲んだら「あー、美味しい。さっぱりした！」とストレス解消になるはずです。もし人々から依存するものを全て取り上げたら？　たぶんいくら取り上げても新しく何かを見つけるでしょうけど、もし全てなくなったら廃人のようになってしまうと思います。

ブランドの強さを測る指標には大きく3つあります。

1つは、今述べた**気持ちいい体験の蓄積度**。

2つ目は、**その人がその時、感じている課題（アンチエイジングしなきゃ、とか、明日の朝までに企画書仕上げなきゃ、とか）との関係の深さ**。

最後は、**ブランドロゴを目にする頻度**です。

その商品を体験した回数が多く、その商品が必要とされていて、ブランドロゴを通じてその商品のことを思い出す回数が多いほど、ブランドは強い、ということです。

ブランドロゴは色とカタチの独自性が最重要です。人間は文字よりも先に「色とカタチ」で記憶するからです。そもそもなぜ人には色彩を見分ける能力があるのか？　それは大昔の祖先が主に果実を食べていたからです。色彩がわからなければそれが熟しているのか腐っているのかがわかりません。赤や黄色は食べられる、青は食べられない。これは今でも僕らの行動や嗜好に影響を与えます。人は赤に最も速く反応します。だから「赤信号」なんです。食べ物は青い色の上に置くととたんにまずく感じられます。色とカタチ、とりわけ「色」は、人の脳の原始的な部分にあって、情動や嗜好と直結します。言葉より速いのです。

ところで麻薬やいじめも「ブランド」になりえます。「麻薬」という言葉や、吸っている快楽を連想させるものを見ると、気持ちいい記憶が蘇ってしまいます。「いじめ」も同様です。だから、「麻薬やめよう」「いじめやめよう」といったキャンペーンは軽々とするものではありません。「やめよう」といった理屈の言葉よりも「麻薬」「いじめ」といった単純な名称が呼び醒ます快感の方が遙かに強力だからです。「自殺」という言葉もある人にとっては解放の快感を呼び起こします。WHOは「自殺の報道を目立つところに掲載したり、過剰に、そして繰り返し報道したりしない」「著名な人の自殺を伝えるときには特に注意する」といったガイドラインを守るよう報道各社に訴えています。

韓国の自殺の名所と言われる場所で、自殺予防キャンペーンを展開したところ、かえって自殺が増えてしまったそうです。こういった、人の生死に関わるコミュニケーションに携わる際は、社会心理学などの専門家と連携して進めるべきでしょう。

ところで白状すると、僕は「食べてはいけない」系のWEB記事であるカップ麺を見て、どうしてもたまらなくなって食べてしまいました。

テレビCMの役割は「商品の疑似体験」をさせること

いいですか、今からちょっと大胆なことを言いますよ？

ブランドとは「気持ちいい記憶」だと言いました。その記憶が積み重なると、ブランドはどんどん強くなる理屈です。では、そこで広告は何ができるでしょうか？　ただ指をくわえて見ているだけ？

違います。広告、とりわけテレビCMには重大な役割があります。それは商品の疑似的な体験をしてもらうことによって、その商品を体験した偽の記憶を創り出すことです。

「CMとはそもそも何ぞや」という問いの答えは、

商品の疑似体験をさせるもの

と言っていいと思います。

正確に言うと、商品の疑似体験をしてもらいながら商品情報を伝えるもの、ということになります。

人間の記憶は、レコーダーのように正確に刻み込むものではなく、合理的に考えてあの時はこうだったに違いない、といちいち再構築しているのです。だから、人は誤った記憶、捏造された記憶を正しいと思い込んだりします。

TED（Technology Entertainment Design）という世界的な講演会でこんな興味深いプレゼンテーションがありました。神経生理学者でえん罪被害者の救済活動をしているスコット・フレイザー氏によると、アメリカではDNA鑑定が登場したことで、過去に有罪判決を受けた人のえん罪がどんどん証明されているそうですが、そのえん罪被害者の4分の3は証人の目撃証言が決め手になり有罪とされていたのです。もちろん、証人が嘘をついたのではありません。証人の「証言」は偽の記憶によるものだったわけです。なぜそのようなことになるのか。フレイザー氏は「脳は空白を嫌う。辻褄が合わないと、勝手に記憶を作ってしまうのだ」と述べています。記憶は結構いい加減なのです。

脳が記憶を作り出してしまうことを示す実験は多々あります。

たとえばアメリカの大学の実験で実在しないポップコーンのテレビCMを学生百人に見せたところ、その一週間後、被験者の多くがそのポップコーンを食べたことがある、美味しかった、などと回答したそうです。テレビCMがブランドの疑似体験をさせていることを示す極端な事例です。

テレビCMは、この、脳のいい加減さを利用しています。テレビCMで、ある商品を食べたり飲んだりするシーンを見ると、無意識のどこかでそれを食べたり飲んだりしたかのように脳は錯覚してしまうんです。そして、テレビCMに接触するほどに「気持ちいい記憶」を積み重ねるというわけです。

第二章で、キャッチフレーズを書くための手法をいくつか紹介しました。その中の、「商品があることによる喜びMAX」は、まさに疑似体験です。キャリーケースの例で言えば、「セーフ！」というコピーを見たり、超過料金を取られずに無事通過するシーンを想像したりすることで、あたかも自分がその気持ちよさを体験したかのように心に残るわけです。そして、カバン売り場を訪れたとき、いろんなバッグのロゴが並ぶ中で、「ACE」が何だか自分にいいことをしてくれたような気がしてくるんです。

ただ、疑似体験ということでは、言葉や静止画は動画に一歩譲ります。**マス広告をグラフィック広告とテレビCMに分けると、グラフィック広告は情報を伝えるのが得意で、疑似体験はさほど得意とは言えません。テレビCMはその逆です。**なにしろ、人のリアルな表情が描けるのですから。ここで詳しくは述べませんが、誰かの喜怒哀楽を見ると、脳のミラーニューロンという部分があたかも自分の感情のように感じさせるのです。

いま、広告主はグラフィック広告離れを起こしています。しかし、動画の広告はまだまだ盛況です。ネット広告の普及でテレビCMは衰退したかのように言われていますが、実際にはそういうことはなく、テレビキー局のCM枠は満杯状況が続いていると聞いています。これはおそらく、情報過多によるアレルギーで、情報を伝えようとするグラフィック広告を生活者がスルーしていることによるものと思われます。説明してくる情報が多すぎて、面倒臭くなっているということです。かたやテレビCMによる疑似体験は生活者の意識に強い負荷を与えないものなので、効果がさほど衰えないのでしょう。スマホを中心に、ネット動画の広告もどんどん増える傾向にあります。

「伝える」という言葉があります。広告の使命は商品・サービスの情報を伝えること、と思っている方も多いでしょう。確かに情報を「伝える」役割もあります。しかしそれに加え疑似体験を「させる」役割もあるのです。**そしてテレビCMはどちらかと言うと「伝える」よりも「させる」メディア**なのです。

第一章の事例で出したソフトバンクのテレビCMでは、15秒の中でサービス情報が露出する時間（業界用語で「尺」と言います）は僕の感覚では極端に短いような気がします。もしかして2秒もないのでは？　通常は3秒ぐらいほしいと思うのですが、本気で伝えるつもりあるのかなあ、と疑ってしまうほどです。おそらく、彼らが重きを置いているのは、「ソフトバンクを使うとこんなに楽しいよ！」という気持ちいい疑似体験でしょう。そっちを先に刷り込めば、ターゲットは自分で情報を取りに来てくれる、ぐらい割り切っているのかもしれません。そしてテレビCMのそもそもの役割としてはそれで正しいのだと思います。

僕はこれまでプレイステーションを中心に、数百本のゲームのCMを作ってきました。中にはゲーム映像を編集して作るものも多いのですが、これにはコツがあります。ゲームの面白いところをダイジェストでつなぐだけでは、映画のCMみたいになってしまいます。これはいけません。これでは、いわば「プレイしている人の画面を横から覗いている人」の疑似体験なんですね。「見る」体験ではなく、「する」体験でないといけないのです。そのために僕は、ゲームプレイ中の十数秒をそのまま抜き出したみたいに見えるようにするなど、いろいろ工夫をします。文字でその機微を伝えるのは難しいですけど、**「客観」ではなく「主観」で描いてあげる**ということです。

飲料や食べ物のCMで言うと、**「飲みカット」「食べカット」と言われる、出演者が飲んだり食べたりして「うまい！」と気持ちいい表情を見せるカットは必須**です。これを見てターゲットはあたかも自分が飲食したかのような疑似体験をするわけです。そういった撮影の時にはシズルプランナー、フードコーディネーターと呼ばれる、食べ物をおいしそうに見せる専門家が参加します。

このようにターゲットに商品を疑似体験してもらうのがテレビCMです。飲料のCMは飲む疑似体験を、クルマのCMは運転の疑似体験を、ゲームのCMはプレイの疑似体験を、してもらうのです。

疑似体験の効果を強めるために留意するポイントを少し書き出します。

まず、**登場人物はターゲットと同じ属性であること**。若い美女が脛にスキンクリームを塗っているのを、僕のようなオッサンが見ても自分ごとにはなりにくいです。OLがターゲットならOL役の人を出さないといけません。年配層狙いなら年配の人物を出さないと効果は出ません。

次に、**シズルカットを大事にすること**。シズルカットとは、炭酸のシュワー、とか、焼き肉のジュー、とかそういう「気持ちいいカット」です。あるいは、「うまいー!」という表情。これは非常に重要で、これがあることで「気持ちいい記憶」につながります。役所広司さんは昔からテレビCMに引っ張りだこですが、この「うまい」表情がじつに自然で上手なのです。

最後に、これは言うまでもないことですが、その**「気持ちいい記憶」が格納されるブランドロゴをしっかり見せること**です。そしてロゴを見せるタイミングはシズルカットと同時がいい。「気持ちよさ」とセットで覚えてもらえるからです。最近はブランドロゴがあって、企業ロゴがあってと、ロゴだらけのテレビＣＭもよく見かけます。そのＣＭの疑似体験をどこにくっつけるのかという視点に立たないと効率は落ちるばかり。無思想に露出時間を増やしても逆効果になることの方が多いでしょう。

テレビＣＭでブランドを作り上げる方法をお話ししてきましたが、逆にブランドを毀損するもの、つまり、「気持ち悪い記憶」を与えるものは何でしょう。その最大のものはスキャンダルです。例えば以前、上海福喜食品で消費期限の過ぎた食肉を輸出していたという食肉不正問題がありました。この肉を輸入して使用していたマクドナルドの国内売上げは2割も落ち込んだそうです。これは広告ではいかんともしがたいことで、綿々と積み上げてきたブランドが一瞬に崩壊する様は見るに堪えないものがあります。

テレビＣＭの役割は、もちろん、「疑似体験」以外にもいくつかあります（第二章で少し触れましたが、とにかく名前を刷り込む、など)。

そして、テレビCMの効果を高めるための手法もたくさんあります。コラムでも紹介しましたが僕は前著で、そのあたりについて進化心理学を視点とした解説をしています。さらに詳しく知りたい方はご一読されるといいでしょう。

「テレビCMがつまらなくなった」と言われる理由

もう少しテレビCMの話を続けます。

ここのところ、「テレビCMがつまらなくなった」と言われることが増えているようです。一見、愉快なCMばかり流れているようですが、なぜこのように言われているのでしょうか。

「記憶」には強く刷り込まれるものもあれば、すぐに忘れてしまうものもあります。その差は、記憶する時の感情の強さで決まるようです。狩猟採集時代、人間がヒョウ(最も人を食ったとされる最悪の天敵)に遭遇した場所と、天敵でも食料でもないトカゲを見かけた場所と、どっちを強く記憶しておくべきか、は明白です。これは生存本能から来るものです。みなさんも、子どもの頃の思い出ではっきりと蘇るシーンがいくつかありますよね。それらは、必ず強い心の動きを伴っていたはず。僕が覚えているのは川で溺れたこととか、山で見たことのない虫を見つけたこととか、教師に殴られたこととか……ろくな思い出がないんですが……。先述した夜中の『Kindle』で配信コミックを読む習慣も、大病という大きな感情起伏の中で刷り込まれたものです。

テレビCMのほとんどが、淡々と情報を伝えるものでなく、面白いやり取りや、斬新なビジュアルや、感動的な話や、ノリのいい歌を伴っています。それは、そうやって視聴者の心を動かした方が、内容が記憶に残りやすいからです。

ということは、

「テレビCMがつまらない」というのは、
「テレビCMが感情の深い部分に訴えていない」

ということになります。

僕は、今でも記憶に残っているテレビCMがいくつかあります。

高校生の頃、明治生命のテレビCMで、ゼンマイ仕掛けのサルのボクサーが「アイムアチャンピオン」と言いながらパンチングボールを叩き続ける、というものがありました。それをずっと繰り返し、やがてゼンマイが切れて止まり、白目をむく。そこにカーンとゴングが鳴る。「誰でもいつかは死ぬよ」というメッセージなのでしょうか。今でもはっきり思い出せます。

もっと幼い頃まで遡ると、モービル石油のテレビCMで、「の～んびりいこうよ～おれたちは～」という牧歌的な歌をBGMに男たちがガソリン切れのクルマを押すものがありました。「車はガソリンで動くのです。モービル石油」というナレーションで終わるんですけど、そののんびりさがとても魅力的に感じたのでしょう。これも今でも鮮明に思い出せます。

最近のテレビCMは、昔のものに比べると深い感情を揺さぶられるものはちょっと減った気がします。富士ゼロックスのコピー「モーレツからビューティフルへ」のように、時代に対してパラダイムチェンジを促すぐらいの、心を揺さぶる大きな構えのテレビCMが減ったからかもしれません。それゆえに記憶に残りにくくなっているのかもしれません。「テレビCMがつまらなくなった」と言われるのと同時に「テレビCMが効かなくなった」という声もよく耳にしますが、それはそういうメカニズムが一因としてあるでしょう。

僕はテレビCMを作るときには、無意識の心を揺さぶるために必ず「裏テーマ」を持つようにしています。先述のCM「共闘先生」では、教師と生徒が仲良く遊ぶ、というテーマを裏に持っています。CMの目的だけを考えるとこのテーマは不必要かもしれません。しかし、学校で先生と生徒の溝がどんどん開き、不登校やいじめなどが社会問題になる中で、そういうシーンを見せることで視聴者の感情の深い部分を揺さぶることができると考えるわけです。本当は、教師と生徒は仲良くしたいけど、実際はそうではない。そういったところに感情を動かすポイントがあるのです。日本のどこかの学校で実際に先生と生徒が『PSVita』で遊んでくれているとしたら、それは良いことでしょう。

また、NTT西日本のフレッツ光では小栗旬さん、井上真央さんが繰り広げる家族CMシリーズのクリエイティブディレクターをさせてもらいましたが、ネットの普及によって家族がバラバラになるのではなく、リビングルームのネットTVの前に集まって旅行の計画を立てるとか、これからはネットが家族を一つにしていくんだ、という裏テーマを潜めていました。2014年度のカンヌ審査員を務めた博報堂ケトルの木村健太郎くんが「今年のキーワードはヒューマニゼーションだった」と述べていますが、「非人間的なものの人間化」は今後、企業コミュニケーションの大きな課題になっていくと思います。

そういう、感情の深い部分に影響を与えるCMが強いCMだと自分は思っています。そのことによって直ちに購買につながることはないかもしれません。しかし、「気持ちいい記憶」を無意識に仕込むことになります。つまり、「ブランド」を作っているということです。

ところでラジオCMも、考え方はテレビCMと大きく変わらないと思います。と言いますか、ラジオCMはテレビCMの原型です。CMはどうしても「ながら視聴」をされてしまいます。映画は映画を凝視するしかない環境で観るのに対し、CMはちょっとお皿洗いながら、とか、ちょっとスマホでメールしながら、とか、つまり画面が観られないことも計算に入れないといけません。だから、音だけで内容をわかってもらう必要があるんです。広告会社のCMプランナーは、最初はラジオCMを担当することが多いですが、ここで磨かれた「音だけで構成する」スキルがテレビCMに役立ちます。ラジオCMにもシズル音など、気持ちいい体験を呼び醒ます音は欠かせません。

「ブランド」とは何か、そして、広告がブランドのために何ができるのか、少しわかってもらえたでしょうか。

さて、次ではさらに実践的な話。他社のブランドから、自社のブランドに切り替えてもらうための方法についてお話しします。

ブランドスイッチはどうやって起きるか

僕の好物は「干し貝柱」です（かなり自分の話ばかりしていますが……大丈夫でしょうか?）。会社に入ったばかりの頃、ハマってしまい……。毎週末、アメ横で買って帰り、土日は干し貝柱をポテチのようにかじりながら漫画を読むという生活をしていました。そして今でも、待ちに待ったコミックが家に届くと、それを読む快楽にターボをかけるために干し貝柱を買ってくるのです。また、大阪出身者として「タコ焼き」も好物リストの上位にきます。ただ僕にとっての極上のタコ焼きは、さびれた商店街のタコ焼き屋で、客がいないために何時間もあぶられ続けて、表面がカリッカリになってしまっている、そういうものなんですよね（大阪出身者ならわかりますよね、え、わかりませんか……）。時々、「ちょっと違うんだけどな〜」と思いながら「銀だこ」で買って帰ったりするのですけど、「そうだタコ焼き買おう」と思うとき、そこに理性はありません。「なんだか食べたいぞ！」という情動が先。そしてその後、「いかんいかんこんな夜中にこのカロリーはヤバすぎる」とか「トッピングとか乗せなければいいか？」とかの理性が追いかけてきて、どうするか決定するのです。

人は事前に決まっている行動（9時に会社に行く、など）以外で、**突発的に行動するときは、主に情動がその動機付けとなります。そして後から理性でコントロールするのです。いわば、情動がアクセル、理性がハンドルやブレーキ、といった関係**ですね。

そして**ブランドは、情動にアプローチします。**

そのロゴを見たときに、「食べたい！」「見たい！」「やりたい！」というふうに、心が動くのがブランドです。

タコ焼きは、子どもの頃に食べたカリカリのものは僕の中で「ブランド」になっています。「気持ちいい記憶」が積み重なっているからです。東京のタコ焼き屋でそういう記憶はまだできていないので、まだブランド化された店はありません。

ところで何を隠そう、僕はペプシファンなんです。もともとはコカ・コーラを飲んでいたんですが、ダイエットのためにゼロカロリーのコーラをいくつか試した時、コカ・コーラゼロよりダイエットペプシツイストの方が美味いと感じたんです。その後は、その後継であるネックスゼロをずっと飲んでいます。途中で特保のキリンメッツコーラに乗り換えたこともあります。これはこれで味の設計がよくできていました。でも、ペプシの特保コーラ・ペプシスペシャルが出ると、やはりそっちにまたスイッチしました。ペプシの方が、僕の中で「ブランド」だったのでしょう。

いままで〝A〟というブランドを好んでいた人が、〝B〟というブランドに切り替えること、これを「ブランドスイッチ」と言います（「心理変容」に続くものとして「態度変容」という言い方もあります）。これを実現するのも広告の大事な役割です。

僕はずっとUSPの重要性を言っていますけども、その理由の一つは、

USPがブランドスイッチを引き起こすから

です。

この本の最初のテーマに戻りましょう。

広告Creativeとは、**モノとヒトとの新しい関係を創るもの**、と言いました。

先の例で言えば、僕は、コカ・コーラの「気持ちいい記憶」によって、スカッとさわやかな関係をずっと維持してきたわけです。それは情動が動機付けとなっていました。しかし、情動で飲むときに、「ホントにいいのか」という理性チェックは入り続けたわけです。そしてつい

にある日、「ホントにこんなカロリー高いものを飲んでいていいのだろうか?」と、それまでの関係に理性が強い疑義を提示したのです。その理性にブランドを切り替える理由を与えたのが「ゼロカロリー」というUSPでした。ブランドスイッチした瞬間です。もしも「ゼロカロリー」というUSPがなかったら、ただ「コカ・コーラよりうまいよ」というだけの飲料では、僕はペプシにブランドスイッチしなかったはずです。どんな新商品もそれでは気持ちいい記憶で圧倒的にかなわないからです。

先に例で出したマルちゃん正麺も、「麺」というUSPを持っていたから、競合商品からスイッチさせることができたのです。

ブランドスイッチとは、すなわち、新しい関係を創ったということです。

ブランドは「老舗」が強いです。それは、新参の商品よりも「記憶」が積み重なっているからです。これをスイッチさせるには、強力なUSPが必要です。あるいは、値下げ合戦の消耗戦に突入するか……。USPをしっかり捉え、ターゲットインサイトを掘り起こし、モノとヒトとの新しい関係を創ることでブランドスイッチさせるのはコピーライターの重要な仕事です。

「自己実現」という最終欲求

アメリカの広告史で最も有名なコピーのひとつに「私がピアノの前に座ると、みんな笑った。でも、弾きはじめるとみんな黙った。」というものがあります。1925年に世に出た通信音楽講座のコピーです。このコピーは非常に効果があり、全米から受講申し込みが殺到したそうです。申込者は何にお金を払ったと思いますか？　もちろんこの通信講座で学ぶことに間違いはありませんが、正確には「商品を使用することによって期待されるストーリー」にお金を払っています。このコピーが示しているのは「あなたがピアノを弾けるなんて誰も思ってもない。通信講座でこっそり練習すればみんなをびっくりさせることができますよ」というストーリーです。通信講座の申込者は、このストーリーを自分のものにしようと群がったのです。

先ほどのマズローの欲求段階説で言えば、最終の人間の欲求は自己実現欲求です。彼は5つの段階のうち最初の4つを欠乏欲求、最後の自己実現欲求を存在欲求として、質的に異なるものとしました。先進国でしっかり働いていれば、最初の4つはわりと満たされます。しかし、最後の欲求を満たす人は少ないのです。

そして、人々は、この欲求を満たすために**「商品にくっついてくるストーリー」**を買います。まさにピアノ教室の例では、「ピアノが弾けるようになって皆を驚かせている自分」を買っているのです。

僕はサントリーウエルネスのアンチエイジング商品のダイレクト広告で、そのA／Bテストを担当していたことがあります。いろんなキャッチフレーズの中で、当時最も高い効果を出したコピーは「年齢を言うと驚かれます。」というものでした。

初対面の人に「おいくつですか」と尋ねられて、「○○歳です」と答えた時の「えー、そうは見えませんねえ」という反応。ターゲットはこれを買っていたんです。そういうシーンのためにお金を払っていたわけです。**商品の購入は目的ではありません。目的は新しい自分。商品は使用によって得られるストーリーのための手段**に過ぎないのです。

そして広告が表現しているのは、

この商品を買うと、あなたの人生にこんなストーリーが生まれますよ

ということなのです。

そのシーンを表現できるのはビジュアルだけではありません。**キャッチフレーズを書く時にも、「シーンをどう表現するか」という意識は大事です。**言葉を読んで、パッと自分のストーリーが脳内でビジュアル化される、そういうコピーは強いコピーです。俳句を手本にするといいかもしれません。「古池や蛙飛び込む水の音」。どうですか、頭にビジュアルやシーンが浮かんだでしょう。日本語は言葉で状景を描写するのに適した言語だと思います。

第二章で、「商品があることによる喜びMAX」とその裏返しの「商品がないことによる悲しみMAX」がキャッチフレーズの基本、と言いましたが、その意味は、**これが単に商品のベネフィットを伝えているだけでなく、「こんなあなたになれる」という自己実現欲求にも食い込んでいるからです。**もちろん、スペックをバンと掲げるだけで自分がその商品を持てばどんな自己実現ができるか連想できる頭のいいターゲットもいると思います。でもそこを委ねるよりは、こちらから自己実現のシーンやストーリーを見せてあげた方が早いでしょう。

ブランドとは「気持ちいい記憶」であると言いました。

ただその気持ちよさは、のどがスカッとするとか、美味いとか、そういう生理的なものだけとは限りません。

「新しい自分になれる」という気持ちよさもあります。

そして、社会が成熟するほど、その欲求は高まっていきます。

「憧れブランド」と「ブランド」

この章の初めの方で、「憧れブランド」と「ブランド」は違う、という話をしました。

僕の考えでは、「ブランド」はその人の中にあるもの（なんだか釈迦の悟りみたいですが）。

「憧れブランド」はその人の外にあるもの。そんな区別です。

ちょっと具体的に僕自身の場合の、クルマの事例で説明します。僕は独身の頃、BMWのカブリオレ（オープンカー）に乗っていました。〝Silky6〟と愛称で呼ばれていた6気筒エンジンのスムーズな吹け上がりは、加速するとその独特のサウンドも相まってとても気持ちよかったです。また、BMWはメルセデス・ベンツなどに比べると若々しさがあると思っていました。「若手コピーライター」として上り調子に見られるような快感もありました。

その後、結婚し子どもたちが成長するにつれ、必要に応じて家族みんなで乗れるSUVタイプのクルマへとスイッチするのですが、今でもBMWのロゴを見るとあの気持ちよさが蘇ります。BMWは僕の中で「ブランド」になっているのです。

今、乗っているクルマはポルシェのカイエンハイブリッド。これを選んだ理由は妻が欲しがったからです。実は、僕はそれまで乗っていたトヨタのハリアー・ハイブリッドの新型でいいと考えていたんですが、彼女に言わせれば、国産車だと走っていて幅寄せとか車列に入れてくれないとかの嫌がらせが多いけど、メルセデス・ベンツとかポルシェならそういうことがないそうです。このことが何を意味するかというと、世の中のドライバーは皆、こう思っているわけです。

「メルセデス・ベンツやポルシェは普通の会社員には買えない。運転しているのは、金持ちかもしれないし、もしかしたらヤバい筋かもしれない」と（僕のカイエンは黄色なので違う意味でヤバいと思われている可能性はあります）。

これを「**共通認識**」といいます。**あの商品を持っている人はこういう人だろう、この商品を使っている人はこういう人だろう、というみんなが共有しているイメージ。**

「憧れブランド」とは「共通認識」とニアリーイコールです。「自分を成功者に見てもらいたい」と思う人がメルセデス・ベンツのクルマに乗ったりシャネルの服を着たりするなど。皆の認識を利用して、自分の違う姿を見せるのです。でもそれは真の意味での「ブランド」とは違う気がします。その人の中に体験がなければ、そのロゴを見てもたいして感じるものはないからです。

「スシロー」は多くの人の「ブランド」です。「すきやばし次郎」は多くの人の「憧れブランド」です。が、少数の人の「ブランド」でもあります。

「IKEA」は多くの人の「ブランド」です。「CASSINA」は多くの人の「憧れブランド」です。が、少数の人の「ブランド」でもあります。

妙な言い方になりますが、多くの「憧れブランド」にとって、課題は「ブランド」化です。

つまり、「お金持ちになったら買ってもいいかな」と、自分の外のものと商品を捉えている人に、体験をさせること。「うわ、このクルマ、こんなに快適なの？」というふうに、その人の中に記憶を植え付けることです。

ストーリーとセットになった商品は強い

先進国の生活者は人間の最終欲望である「自己実現」を求めています。そして、そのストーリーを描いてあげるのが広告の大きな役割です。

そういったお話を先述しました。

さて、**生活者が求めるストーリーは、自分自身の未来のストーリーだけではありません。他人のストーリー、商品の背景に流れるストーリーも求めます。**

また「そもそも」の話ですが、そもそも「お金」とは何でしょうか。19世紀の社会学者ジンメルによれば、貨幣とは**「人間活動が結晶化したもの」**であるそうです。たとえば時給千円のアルバイトを10時間した人は、1万円を受け取るわけですが、それはその人の人生の10時間分の汗と労力が結晶化されたものと言えます。

少額であってもお金を道端に捨てる人はいませんよね。損したと言うよりは、バチが当たりそうな気持ちの悪さ。それは、お金というものが誰かの人生の一部なのだという感覚を無意識に持っているからだと思います。

これは商品にも言えることでしょう。そこにはそれを世に送り出した人たちが注いだ時間、汗、労力、そんなものが結晶化しているはずです。いわば、**貨幣経済活動とは誰かの人生の一部と誰かの人生の一部を交換する行為**とも言えます。

お札を手にする時、僕は銀行からもらったばかりのピン札よりも、ヨレヨレになったお札の方がその裏に秘められたストーリーのようなものを嗅ぎとって、有り難みを感じたりします。

全く同じような機能の商品であっても、生産者の「こだわり」が感じられるものを人は有り難がります。工場で機械的に作られたものよりも、職人の手作りの方が価値を感じます。

お金、商品というのはそれを生み出した人々のストーリーの象徴なのです。
僕らはお金や商品をやり取りしながら、
人々のストーリーをやり取りしているのです。

商品にはそれを作った人々のストーリーがくっついている方が、有り難みが増すのです。

そのストーリーを、自分の人生のストーリーに取り込みたいからです。

わかりやすい例がAppleです。第二章で、Appleファンの脳波は宗教信者のそれに近いという話が出ましたけども、スティーブ・ジョブズの物語がAppleの躍進にどれだけ貢献しているか、疑う人は少ないでしょう。Apple製品を買う人はジョブズのストーリーをセットで買っているのです。彼のストーリーを取り込むことで、〝Think Different〟〝Stay Foolish〟であろうとしているわけです。

だから、

商品にとってはストーリーが大きな支えとなるのです。

成功したブランドは、必ずと言っていいほど「ブランド・ストーリー」を持っています。**平たく言うと、「苦労話」**。ルイ・ヴィトンの場合は、貧乏なヴィトンさんが牧場を転々と働きながらそのお金でパリを目指し、何年かの苦労を経てパリに着いた時には素晴らしい革製品をつくる技術が備わっていた、といったものです。

僕は『キリン一番搾り』のクリエイティブディレクターを何年か務めましたが、競合商品である『アサヒスーパードライ』は難敵でした。それは、「ビール業界で万年最下位だったアサヒが『ドライ』という商品コンセプトで奇跡の大逆転を遂げた」というストーリーをビジネスパーソンたちが支持していたことが大きかったと思います。

彼らは会社帰り、ドライで乾杯しながら、「おれもいつかは大逆転するぞ」と無意識に心に誓っていたのだと思います。

逆に、新発売されて一時期はヒットしても、すぐに消えていく商品はストーリーの下支えがない場合が多いのです。美味しいとか、便利とか、そういった物理的性質を満たしたい時は、自分の中にすでにある「ブランド」を選びます。「気持ちいい記憶」が積み重なったものを選ぶわけです。しかし、もし競合商品に共感できるストーリーがくっついていたら……その人はブランドスイッチをするかもしれません。そのストーリーを作るのもコピーライターの仕事です。

いま僕は、ある会社で健康食品事業を立ち上げるお手伝いをしています。まず競合を何にするか決め、ターゲットを想定し、どういうコンセプトの商品なら受容性があるか調べます。そして、USPとターゲットをきっちり定めていくのですが、この健康食品事業を立ち上げるに至ったストーリーを設定します。これは全くゼロから捏造したものではありません。その事業の周辺に埋もれている要素を見つけたり、拡大解釈したりしながら、何を大きく見せて何を小さく見せるか整理する作業です。新規事業を立ち上げるときも、ストーリーをセットにしたほうがはるかに好意度、共感が得られやすくなるのです。

AKB48はストーリーそのものを売っていると言えるでしょう。コンサート中に前田敦子が過呼吸で倒れた時、スタッフは彼女がステージに戻れるまでどう時間をつなごうかとおろおろしたらしいのですが、そこに居合わせた秋元氏が「そのことをそのまま観客に伝えろ」と一喝したという話があります。K－POPは完成された楽曲とダンスを売っていますが、AKB48は未完成な彼女たちが苦労する、完成までのプロセスを価値にして商品化しています。だからトップに立つと卒業して去って行かなければならないのは必然なのです。ファンはそのストーリーを自分の人生に取り入れようとして、生で会い、握手で元気をもらうのです。

AKBのファンのインサイトはカワイイ女の子にべたべた触りたいというものではないと思います。それが目的なら、もっと他に方法はありますから。「誰かの素晴らしい苦労話を自分の人生に取り込みたいというインサイト」を看破した秋元氏は稀代のマーケターだと思います。

この章では、コピーライティングの周辺である、ブランドとはそもそも何か、CMはブランドにどう作用するのか、といったことを見てきました。コピーの仕事を少し俯瞰で見ることができるようになったのではないでしょうか。

では、次の章では、コピーを書くに当たっての心構えのようなものに筆を進めていきます。

第三章のおさらいと用語解説

❖ブランドとは

簡単に言うと「気持ちいい記憶」のこと。

正確には、ラベルを見ることでターゲットの中で気持ちいい記憶を蘇らせる作用のこと。この「気持ちいい記憶」は美味しい、便利などの生理的欲求だけでなく、「新しい自分になれる」という気持ちよさもあり、社会が成熟するほど、その欲求は高まっていきます。

❖ブランドロゴとは

その商品の「気持ちいい記憶」を蘇らせる「トリガー」。

❖ブランドの強さを測る3つの指標

・気持ちいい体験の蓄積度。
・その人がその時、感じている課題との関係の深さ。
・ブランドロゴを目にする頻度。

❖テレビCMとは

商品の疑似体験をしてもらいながら商品情報を伝えるもの。

❖マス広告の区別

グラフィック広告は情報を伝えるのが得意。
テレビCMは疑似体験をさせるのが得意。

❖テレビCMで疑似体験をさせるときのコツ

・「客観」ではなく「主観」で描いてあげる。
・「飲みカット」「食べカット」などの、気持ちいい表情を見せるカットは必須。

・登場人物はターゲットと同じ属性であること。
・シズルカットを大事にすること。
・「気持ちいい記憶」が格納されるブランドロゴをしっかり見せること。

❖人間の行動について

人間が突発的に行動するとき、まず情動がその動機付けとなり後から理性でコントロールする。いわば、情動がアクセル、理性がハンドルやブレーキ、といった関係。ブランドは、情動にアプローチするものである。「食べたい！」「見たい！」「やりたい！」というふうに、心が動くのがブランド。

❖USPが重要な理由

USPがブランドスイッチを引き起こすものだから。

❖お金とはなにか

19世紀の社会学者ジンメルによれば、貨幣とは「人間活動が結晶化したもの」。

❖ 貨幣経済活動とは

誰かの人生の一部と誰かの人生の一部を交換する行為。

コピーライターに重要なキーワード

❖ドーパミン

脳内の快楽物質。これがあると人は快楽を感じる。

主に

・楽しいことをしているとき
・目的を達成したとき
・他人に褒められたとき
・新しい行動を始めようとするとき
・意欲的な、やる気が出た状態になっているとき
・好奇心が働いているとき

・恋愛感情やときめきを感じているとき
・セックスで興奮しているとき
・美味しいものを食べているとき

などに分泌されている。
なお、過剰にドーパミンを出す状態を「依存症」と呼ぶ。
ブランドとは軽い依存ともいえる。

❖ブランドスイッチ

いままで〝A〟というブランドを好んでいた人が、〝B〟というブランドに切り替えること。

回り道コラム③

古典経済学では、人間は合理的な経済活動をするという前提で物事が考えられてきました。合理的な経済活動とは、例えば、全く同じ機能の商品なら、10円でも安い方を買うだろうということです。ところがそれではどうしても計算が合わないことに学者は気づきます。もしかすると人々の実際は、全く同じ機能の商品でもあえて高い方を選んだりすることもあるのではと。

つまり「人間は合理的な経済活動をしていない」ということです。

その商品を薦めているのが権威ある学者の先生だったり、その商品の無料サンプルをすでにもらっていたり、その商品を選ぶときにテンポのいいBGMが流れていたり、その商品よりもさらに高価な商品が隣に並べられていたり、その商品があと数個でなくなりそうだったり。そんなことで人は合理的な判断を狂わせてしまいがちです。これは、現実の経済活動ではよくあることです。

この発見がきっかけで、行動経済学という学問が生まれました。これを提唱したダニエル・カーネマンとバーノン・スミスは2002年にノーベル経済学賞を受賞しています。


が、この行動経済学の先駆けとなった書物があります。

それが世に出たのは1988年、ロバート・B・チャルディーニというアリゾナ州立大学の教授が書いた『影響力の武器』（誠信書房刊）という本でした。まだ行動経済学という名称もない頃のもので、初めて読んだ時、僕は目から鱗が落ちる思いでした。その中で彼は人間の非合理的な決定に影響を与えるものとして、「CLARCCS」という6つの要素を挙げています。

・社会的証明（Comparison）
・好意（Liking）
・権威（Authority）
・返報性（Reciprocation）

・コミットメントと一貫性（Commitment / Consistency）

・希少性（Scarcity）

キリがないので、この内容に踏み込むのはここまでにしますが、この本で書かれていること、またその後に出た行動経済学の本に書かれていることは、ポロポロとネットなどを通して伝わって、最近ではクリエイターや評論家の書いた本を読むと、「肩書きのある人が薦めるとその商品の価値を信じるよね」「無料で何かもらった後ではお願いを断りづらくなるよね」「品数限定や期間限定の商品を見ると欲しくなるよね」「松竹梅の価格設定があるとすんなり竹に決めるよね」「ハードルの高いお願いを断った後ではハードルの低いお願いを受けてしまいやすいよね」「いったんファンであると公言してしまうとそこに縛られるよね」などと、その上澄みのようなものが書かれていたりします。

博報堂時代に僕の指導を受けたコピーライターに小西利行くん、佐々木圭一くんがいます。この2人が『伝わっているか？』（宣伝会議刊・小西利行著）『伝え方が9割』（ダイヤモンド社刊・佐々木圭一著）、というコミュニケーション本を書いていて、ヒットしているようです。

これらは一般の生活者にとって非常に実用的で、高い価値を感じます。それはいわば「例題集」として。いまはとにかく「答えをすぐ見せてくれ」という時代ですから。そういう生活者のニーズにフィットしているのでしょう。

「イルカ」と「ツタキュー」の2人にはやや申し訳ない言い方になるけど、コピーライターはこれらの本を読んで感心していてはいけないと思います。プロは答えを先に求めてはいけないからです。それよりも、答えを導き出すための方程式や定理が述べられている「教科書」をその前に読む必要があります。

僕はやはり、「学者」の書いた本を読むことを勧めます。そこには深い洞察と体系立てられた思考があるからです。

その中の一冊として、このチャルディーニ氏の本は、お薦めです。マーケティングや販促に携わるならば一度読んでおいて損はないと思います。

なぜ普通の主婦たちの間で、何万円もする高級鍋がヒットするのか？

なぜシニア層の間で「青春18きっぷ」が人気なのか？

そういった一見すると非合理な商品購買の理由が見えてくるかもしれません。

僕のこの本は若手コピーライターがメインターゲットなので、答えを書くよりも、答えを導くための土台、ヒントになることを意識しています。

第四章　コピーを書く「姿勢」

クリエイティブはワンチャンス！

『人生はワンチャンス！』（文響社刊）という写真集がヒットしましたね。人生にヒントを与える名言を犬の写真に乗せて語るという。その最初の名言は、「基本を制する者が世界を制する」です。ピカソは基本を押さえていたからこそ、その天才性が賞賛されることに繋がったのだ、という解説が添えられています。広告クリエイティブも同じ。広告コピー、クリエイティブのまっとうなセオリーを理解すること。それが新しい発想の土台になるのです。この写真集、他にもなかなか役に立つ名言が多いです。そして、若手コピーライター、コピーライター志望者がまず心に刻んでほしいのは、まさに本のタイトル。

クリエイティブの仕事はワンチャンス！

ってことです。

僕らのようなクリエイティブディレクター（以下、ＣＤ）が新規のお仕事を頂くのは、そのほとんどが競合プレゼンテーション（コンペティション）を勝ち抜くことによってです。勝てれば、そのご縁はしばらく続くでしょうけども、勝てなければ、そこで縁はなくなります。一発勝負なのです。

もちろん、競合プレゼンを経ず指名で依頼されることもありますが、そのためには広告クリエイターとしてのネームバリューが必要。そしてそれは、競合プレゼンを勝ち上がることによる実績と信頼で得られるのです。

大きなプレゼンになると、クリエイティブだけでなく、ストラテジーやメディア展開、店頭施策など、いろんな部門による総合提案ということになるわけですが、コンペの成否を分けるのはやはりＣＤの腕によるところが大きいです。クリエイティブ提案が受け容れられるか否かで、年間数億円、あるいは数十億円のお金がその広告会社に落ちるかどうかが決まったりします。だから僕は大きなプレゼンを引き受けると、プレゼン日までの数週間はそのことで脳が満杯になります。獲ったら獲ったで、果たして想定通りキャンペーンがうまくいくか不安になるし、落としたら落としたで自分が価値のない虫けらのような存在に感じられて激しく落ち込みます……。正直、僕は競合プレゼン好きじゃないです……。
ともかく、まさにワンチャンス。それを掴むか放すかで天国か地獄かが決まるのが僕らの仕事です。

若手コピーライターの仕事だって、ワンチャンス。勝つか負けるかのヒリヒリした空気の中で、コピーライターだけがぬるい企画案を出してきて、「やっぱダメっすかーへへー」なんてやっていたら、どうなるか。サヨナラです。次からはもう呼ばれなくなります。CD含むスタッフ全員が「おお」と唸るようなコピー案をビシッと出せれば、「コイツ、使えるヤツ……」となって次の仕事でも呼ばれるでしょうが、出せなければ、そこで縁は切れます。

僕は「提案」という言い方をあまり好みません。僕は常に「回答」のつもりでプレゼンしています。企業は課題解決を望んでいるからです。唯一の正解ではなくとも、提出するものは確度の高い仮説でなければいけないと思っています。そのためにはチームの全員がその方向を向いていなければいけません。
コピーライターの中には、自分の勝手にコピー案を出してればいいんだ、採用されようとされまいと、それは選ぶ方の問題だ、と思っている人がいます。それは全くの間違いです。なぜなら、広告は「チーム」で作業するものだからです。リーダーが示した方向性に従って、チーム全員が一丸で進まないといけません。自分の役割をしっかり認識して、CDとスタッフの期待に応える（あるいは上回る）ことをしないといけません。

だから、僕はCDとして若手のコピーライターやプランナーの案を見ることが多いのですが、**「ダメだなこりゃ」と思ったら、次からは呼びません。**新しい人に依頼します。厳しいと感じますか？　僕らの業界では全く普通のことですよ。

では、CDが若手コピーライターに期待するものとは何か？　その話の前に、一言。

今の若い人は学校と会社の区別の付かない人が非常に多いです。学校はお金をもらう場所ではなく、本人がお金を払い学習する場です（僕の主宰する学校は無料ですが）。だから、どんな手前勝手な、ダメダメなコピーを出したって、「あなたの学習のため」に講師は次もコピーを見てくれるでしょう。仕事の場にそれと同じ感覚でコピーや企画を持って来たらどうなるか。「これじゃあダメ」と言われて、「じゃあどう書けばいいか教えてください」という甘えた人もいます。答えが欲しいならコピー料をもらうのではなく逆に授業料を払うべき。繰り返しますが、クリエイティブの仕事はワンチャンス。たとえ大手広告会社に入社できたとしても、ワンチャンスを大事にしない人に未来は開けません。そういう厳しさを持っていてください。

若手コピーライターに期待されるものとは

クリエイティブディレクターの役割は、仕事をズバッと獲りに行くことです。さすがに若手クリエイターにそこまで期待するのは荷が重すぎます。では、若手が担うべき役割とはなんでしょう。CDの立場で言うと、2つです。1つは、コピーの依頼をする際に、CDの出した**方向性を理解して、それに沿ったアイデアを出すこと**。もう1つは、CDなどのベテランが考えつかない**若々しく斬新なアイデアを出すこと**です（方向性を何も出さずに「とにかくいいコピー書いてきて」とか、「広告賞獲れそうなコピー書いてきて」とか、そういう指示の出し方をするCDもいるそうですが、僕が言っているCDはそういう名ばかりのCDのことではありません）。

僕が若手時代に社内の多くのCDから声をかけてもらったのも、これを実践していたからです。入社当時、僕はコピーライター志望ではなく、むしろ「コピーライターだけはイヤだ」ぐらいに思っていました。クリエイティブだとかそういうのは漫画とかアートとかと同じで、特殊な人がするものだと信じていたからです。新人の頃は落ちこぼれになる恐怖心でいっぱい。打合せでは、先輩と違うアイデア、上司が考えもしない案、いままでにない企画、そういったことばかり打合せに持っていきました。つまりは「サプライズ」です。案が採用に至らずとも、「面白いこと考えるヤツ」という印象は残してやろうと。そういったことを繰り返していると、「小霜いいかも」と評判になり、仕事のチャンスが増える。そして実際に自分のコピーやネーミングが採用されることも増えました。その繰り返しでなんとかここまで来られたのです（「ここまで」ってどこまでかと言うと、少なくとも宣伝会議さんにこういう本の執筆を依頼されるぐらいまで?・）。どこかで「コイツつまんないな」と思われていたら、チャンスは減り、カタチになる仕事も減り、鳴かず飛ばずで終わっていたかもしれません。

これがクリエイターの仕事の現実。打合せでダメダメなコピーや企画を1回でも持ってきたらクリエイター生命は終わり。そのぐらい厳しく思っていた方がいいです。

自分の案を出す、ということは、「勝負する」ということです。「この案でどうだ！」と。案を出すときは、ＣＤの喉元にナイフを突きつけるように出すべきです。そしてもし「全然ダメ」と言われたら、激しく凹むべきです。泣くぐらいでもいいと思う。僕だって自信満々の案をコンペで落とされたら泣くこともある。同じことです。

若い人の多くは、「これでいいでしょうか」という態度でコピーを出してきます。そんなコピーはいりません。「ああ、それでいいよ」とわかっているようなものは、ＣＤが自分で書きますから。くどいですが、学校じゃないんです。世のＣＤは、コピーや企画を提出されて「まいった！」「負けた！」と言いたいんです。そういうものを出してくれたら、「じゃあ次もこの子に頼もうかな」となるんです。

僕が新人として手掛けた最初の仕事は資生堂シャンプーのネーミングでした。シャンプー、リンス、それにキューティクルを引き締める溶液の３つで洗うと髪が細く指通りがよくなるというものでした（実際にものすごくサラサラになりました）。当時のシャンプーは『ティモテ』など、意味はわからないが何となくファンタジックで気分いい、といった名前が本流でしたが、僕は逆に記号的なものの方が目立つのでは？　と思って『by 3』というのを書いたんですね。僕のトレーナーだった安藤輝彦CDが「あるかもしれない」ということで案の一つに入れたところ、それが採用。安藤さんはそれが採用になるとは思ってなかったようだし、僕にさほどの期待もしていなかったようですが、そこで一気に見る目が変わった気がします。

僕は「押入れ産業」というトランクルームの会社のお仕事でTCC新人賞をいただいたのですが、この会社のフリーダイヤルを考えることになったとき、順当なアイデアもいくつかありました。でもあえて「0120-200000『荷物スッキリ』」という案を自分のお薦めにしたんです。番号的に、そのフリーダイヤル番号の取得は難しそう。でもそれは別の人の役割。安藤さんは「買い取ってでも獲れ！」と営業さんに叫んでいました。アイデアに惚れちゃったんですね。結局獲れなくて順当案になったんですけど、安藤さんは「小霜は天才やの～」とニヤニヤしていました。

安藤さんは日産ブルーバードのプレゼン作業で僕が書いた「子どもがほしくなってきたね。」というコピーもものすごく気に入っていました。今のファミリーカーはワンボックスが主流ですが、当時はセダンでした。残念ながらクライアントはもっと商品寄りのコピーを求め、採用に至りませんでした。ところが安藤さんは2年後、マイナーチェンジの新キャンペーンプレゼンでもしつこくこのコピーを提案していました（笑）。
CDからすると、自分にない発想の案が部下から出てくると、それだけでワクワクするし、「助けられた」感もあるんです。たとえそれが実現に至らなくてもうれしいものだし、それを出した若手を手放そうとは思わなくなります。

足掻く。それが唯一の剣。

ではワンチャンスをものにするにはどうすればよいか。

ジタバタすること

です。

皆さんは、そもそもコピーなんて書けません。

たとえば1年間野球教室に通ったら、誰でもプロの打席に立ってヒットが打てるものでしょうか？　ありえませんよね。プロのテストを受けて運良く球団に入れたとしても、そこがスタート。そこからが本当の練習の始まりです。

それでも書かなきゃいけない。

「書けない」のに「書かなきゃいけない」んです。

『ベルセルク』（白泉社刊）という漫画は13巻までが面白いと思っているんですけど、主人公が異空間で異形の化け物に囲まれて、どうにもならない絶望に立たされる。それを予言するときに発せられる髑髏の騎士の台詞がいいんです。

「踠き挑み足掻く！　それこそが死と対峙する者の唯一の剣」。

皆さんも同じ。

皆さんの唯一の剣は、もがき、挑み、足掻くこと。ジタバタすることです。

僕は新人の頃、コピーに全く自信がなかったのでジタバタしました。とにかくコピー年鑑をまるごと写してみよう、とか。とにかくフランス映画の台詞をメモってみよう、とか。とにかく雑誌の中から何かないか探そう、とか。とにかく店の売り場をうろついてみよう、とか。酔っ払いながらコピー書いてみよう、とか。とにかくクルマをかっ飛ばしてみよう、とか。そのほとんどは無駄なことだったかもしれません。でも、脳の違う部分が刺激されて、ハッと新しいことを閃いて、それが実際の仕事になったケースは多いです。火事場の馬鹿力と言いますか、いい案は、自分を追い込んだとき、締め切りのギリギリで出て来るものです。

コピーを書くとは、デスクに座って言葉を紙に書く、ということではありません。

飲料の仕事をするのに競合商品を飲むこともしない、流通の仕事をするのに売り場に行くこともしない、ゲームの仕事をするのにゲームをやることもしない、ただデスクにずーっと座って書いてくる、そういうコピーを見ると、40度のお湯で作ったカップ麺を食わされているような気分になります。ぬるいし、不味い。でも、作った本人はそういうのに慣れちゃっている。「これじゃダメだ」と言われ「じゃあもう一度考えてきます」と答えたところで、また40度で作り直しているようじゃ、何度やっても美味くはならんのです。

どこかで自分のお湯をガーッと100度まで持って行かないと。

頭でっかちに近道ばかり探すんじゃなく、自分で自分を追い込んで、とにかく動く、とにかく探す、とにかく聞いてみる、とにかく何か違うことやってみる、ジタバタやらないとダメなんです。

マンションの広告なら、「まず建設予定地に行ってみる」なんて指示するまでもない当たり前のこと。コピーの打合せになって、「現地行った?」と聞くと、「いやそこまでは」とか言う。「なんで行かなかったの」と問うと、やらない理由をペラペラしゃべる。そういうコピーライターの多いこと。電車で駅から現地まで歩いて、そのあたりを回ってみれば、進学塾けっこう多いな、とか、ママチャリの母子だらけだな、とか、駐車場の輸入車率高いな、とか、その街のカルチャーみたいなことが肌でわかってくる。もし「近所の人にインタビューしたんですが」とコピーライターが言ったら「ほほう、そこまでやったか」となる。「近くの公園に泊まってみたんですが」と言ったら「いやそこまでやることないよ!」とCDは言うでしょう。でもそういうのイヤじゃない。ジタバタもしないで「いや、そこまでは」とすましているヤツと、どっちが地に足の着いた、ターゲットに刺さる案を出せるかは、火を見るより明らかです。

ある洋菓子店のプレゼン作業で、僕は若いスタッフに「全メニュー注文して食ってみたっていい。そこから何かつかめるかもしれないだろう」と言いました。そしたらなぜかプレゼン終わってから大量の菓子が事務所に。「これ何」と聞いたら、「いや小霜さんが全部食えって言ったので……」と。また世代論になりますが、僕から見ると、昨今の若者はもはやギャグ漫画です。ぎゃふん。

「クリエイティブ仕事」の反対語は「マニュアル仕事」です。言われたとおりやっていればいいという。これは時給がふさわしいと言えます。クリエイティブはアイデアで価値を生み出すものなので、時給はそぐいません。残念ながら自ら動くのではなく、常に指示されたことだけをしようというマニュアル仕事向きの人がコピーライター志望とか言ったりするので、僕はわけがわからなくなったりします。

僕は「必死な人」が好きです。「小賢しい人」が嫌いです。「賢い」も、小さな賢さなら小賢しくなります。自分の小さい理屈にとらわれている人はそこで成長が止まります。それよりはバカの方が、可能性がある。バカで必死な人。僕だけじゃないですよ。世の中のCDも営業さんも、みんなそういう人が好きだし応援したいと思っているはずです。

それからもう一つ大事なこと。「謙虚」であることです。類似商品、競合商品がどんな広告表現をしているか。そんなことも調べずにコピーを書き出す人がいますけど、経験も少ない人が先達を見習わず、学ばず、自分の中にあるものだけで正解が導き出せるでしょうか。プロにおいてコピーの「勉強」というのは、類似商品、競合商品が築いてきた成功表現に学ぶことを言うのです。

コピーを書くのは締切前日でいい

若手コピーライターがやってはいけない仕事のやり方があります。それは、最初からカタチにしてしまうこと。先述しましたが、コピーはまず考えてから、書く。オリエンを聞き終わるやデスクに向かい、コピーを書き始めたり、CMコンテ（イラストによるストーリー表）の枠を描き始めたり。それはダメです。もし提出まで1週間あるのなら、実際に書いたり、描いたりするのは前日の1日あれば充分。それまでの6日は競合商品やターゲットインサイトを調べたり、売り場に行ってみたり、商品を使ってみたり、そんなことをしながら考えて過ごすこと。メモとかはいいですよ。僕は思いついたことは何でもEvernoteに書き込むようにしています。紙にちょこちょことひらめいたコピーを書きとどめる、ということはやった方がいいでしょう。

きちんと体裁にするのは最後の最後ということです。

仕事において人間の敵は「錯覚」です。錯覚が判断を狂わせ、道を誤らせます。コラムでも書きましたが、執着を愛情と錯覚すると苦しいばかりの毎日になってしまいます。僕の会社にはコピーライターのデスクがありません。9時-18時で会社にいると、それだけで何かを成したように錯覚してしまうからです。何かを成し遂げない限り何ひとつ仕事をしていない、という心境で働かせたいのです。

コピーであれCMであれ、最初にカタチにしてしまうと、「できた」と錯覚してしまうんです。たとえそれが「仏作って魂入れず」のスッカスカなものでも。根性があれば、それをいったんシュレッダーにかけて、またゼロから考えることもできるかもしれませんが、なかなか難しいものです。最初にカタチにしたコピーが基準になってしまい、それから1週間考え続けても、それ以上のものはできなかったりするのです。若いコピーライターで、何日もずーっとデスクにしがみついている人がいます。一見、がんばり屋さんのように見えますが、ラクをしているだけです。しがみついた時間の分だけ、いいものが書けたに違いないという錯覚に陥っているわけです。**コピーを書くために何を準備するべきなのか、そこでジタバタする人が本当のがんばり屋さん**です。

僕は新人にCM企画を考えさせるとき、コンテの枠を描かせません。アイデアだけを書いてくるように言います。アイデアさえあれば、それをコンテというカタチにするのは造作もないこと。CM監督にやってもらったっていい。もしかするとコピーもパワポやワードで印字するのはよくないことかもしれません。コピーライターの中には手書きにこだわる方がいらっしゃいますが、手で書くという行為そのものより、コピーの体裁が未完成なところに大きな意味があるような気もします。

コピーを書いたら

いよいよコピーをカタチにするときは、それが「どのようにターゲットに見えるのか」まで想像してください。

グラフィック広告なら、どんなビジュアルにどんなレイアウトでコピーが置かれるのか。そしてそれはどういう状況で見られるのか。電車の中なのか、土曜の朝の自宅なのか。バナー広告なら、全体のページの中で、どのような配置でどのように飛び込んでくるのか。CMならどんな流れの中で出て来るのか。また、そのコピーがタグラインなら商品名と合わせたときにどう見えるか。そういった計算をしっかり立てましょう。

コピーを紙にペロッと書いたのは、まだメモと大差ないのです。それをそのまま見ることはありえないのだから。

若手コピーライターの多くは紙に書いた1行をコピーの最終形と思っていますがそれは間違いです。まだUSPもターゲットもぼんやりとしている時から中途半端に書き始めて、最終的なカタチも中途半端。そのやり方ではいけません。

そして、「コピーを書いた」と思ったら、そこはゴールではありません。むしろそこがスタート。

あなたが書けたと思ったレベルは、誰にでも書けたレベルかもしれない（だいたいそうです）。プロはそこからが勝負だったりします。ちょっと頭をリフレッシュしてみる。関係ない雑誌を読むとか、違う刺激を頭に入れてみる。「あ、こういう考え方もあるんじゃないか？」と、脳のまだ使ってない部分が働き始めるかもしれない。そしてあと数時間粘ってみる。

適当なところで「こんなもんかな」と思わないこと。「ほんとにこれでいいんだろうか？」「もっと何かないだろうか」と常に「臆病」で「貪欲」であることです。

コピーライターに必要な能力は「書く力」ではない

中世ヨーロッパで活躍した画家たちは、どうやって生計を立てていたかわかりますか？　彼らの収入源は、主に貴族やお金持ちの肖像画を描くことでした。当時の芸術家と呼ばれる職業も、基本はクライアントビジネスだったのです。だから当然、クライアントがどのように描かれたいのかをしっかり理解する能力が必要でした。表現力があるのは大前提、その上で、クライアントが喜ぶポイントを押さえて絵を描ける画家が生きていけたわけです。教会画なども当然ながら好きに描かせてくれるわけではありません。その教会からオリエンテーションがあります。荘厳な印象が欲しい、こういった宗教的メッセージを伝えたい、などです。そういった要望をしっかりと満たし、クライアントである教会に喜ばれて、はじめて世に残る仕事ができたわけです。

僕はこれまで広告以外のクリエイティブ、たとえば作詞、映画脚本、ゲーム脚本、などもいくつかやりましたけども、発注主がいる仕事である限り、彼らの要望を無視して制作を進めるなどということはありえません。

ましてや広告クリエイターが自分の好き勝手に言葉を書いて仕事になるわけがないのです。好きに言葉を操りたいのであれば、俳句や川柳など趣味の世界で書くしかないでしょう。


コピーライターが最も養わないといけない能力とは、

「聴く能力」

です。

「書く能力」ではありません。「聴く」とはオリエンや打合せに出て表面的な話だけメモを取ることではなく、発注主やCD、チームの課題、悩み、欲求、ゴール目標などの「真意を理解する」ということです。

たとえ小さなUSPであっても、商品の開発者はそこに人生を賭けていたりするものです。その話を上の空で聞いていたら、それだけで退場です。

経験の少ないコピーライターは、打合せでわからない言葉があると「いったい何を話してるんだろう?」となってしまうでしょう。でもそこで、「まあいいか」と理解したふりをするのか、「その意味を教えてください」と突っ込むのか、そこで後のコピーライター人生が決まります。「コピー学校の講師に自分のコピーは褒められたし、そのやり方でやっとけばいいだろう」なんて考えている人は甘い。手作り居酒屋甘太郎のしろくまアイスより甘いです。打合せが100あれば、100のやり方があるんです。それを理解できなければ打合せに参加しても何の役にも立ちません。

「恥をかきたくない」「叱られたくない」といった理由でロクに理解してもいないのに「わかりました!」と口先だけ威勢のいい人も将来の見通しは暗いと言えます。新人の頃は恥をかいてナンボ、叱られてナンボと思っていた方がいいです。それで損することは何もありません。わからないことは「訊く」。理解するためには「話す」ことも大事です。潜水艦のソナーのように、自分の発言に対する相手の反応でわかることも多いですから。打合せのペースについていけないと感じたら、まず「最初の発言は自分がする」と決めてもいい。うまくいけば、自分の発言が基準となって打合せが進み、そこから何かが生まれるかもしれません。

「信じる」と「疑う」

さて、この章をここまで読んできて、少し混乱した人もいるかもしれません。「ちゃんと発注主の言っていることを聞いて、真意を理解しろ、というのはわかる。でも、その上で発注主が思いつかない斬新なアイデア出せ、というのは矛盾していませんか?」と。パッと聞いた感じでは妙なことを言っているように思うかもしれませんが、ここに矛盾はないのです。

僕が新人の頃、こんなふうに教えられました。**クライアントの要望に応えられないのは三流、クライアントの要望にしか応えられないのは二流、クライアントの要望以上を出すのが一流、と**(by安藤輝彦CD)。「要望以上」というのは、「外す」ことではありません。発注主がいったん出した基本的な方向性、そこからぶれることなく、それより力強いアイデアを出すということです。「そう来たか」と膝打ちするサプライズです。彼らの無意識に、もやもや潜んでいたものを意識上に引き上げてカタチにするようなこととも言えます。これはとても難しいことで、僕もうっかり「外す」ことがあります。若い人たちは「要望以上」と「外し」の違いはわからないでしょう。そこで実践を心掛けてほしいのは、

2案発想

です。これはいわば、

「信じる」と「疑う」を同時にやる

ということ。

宣伝部やCDからオリエンを受けて、何も聞いていない、何も理解していない、そういうのは論外です（でもそういう人が実に多いです）。オリエンの内容を理解したとして、その後で帰る道すがら、「あれはないですよねー」などと頭ごなしに否定する人もいますが、それもよくないです。まずは「信じる」こと。彼らは少なくとも若手クリエイターよりは知識があるし、

経験を積んでおり、広告をやる上で非常に重要な直感力も備えているんです。だから、まず、彼らの言うことをまっすぐ受け止めて、要望通りの企画、コピーを考えましょう。これをA方向とします。でもそこで止まっていてはまだ「二流」。次に疑いましょう。彼らがまだ気づいていない、自分ならではのアイデアに基づいた、「こういうのもあるのでは?」という「もう一つの正解」を探しましょう。これをB方向とします。このAB2方向を提出するように心掛けるわけです。

僕も、プレゼンでは基本的に2案を提案します。「ご依頼に忠実に考えると、この案になります。でも、もしかしてこういうのもあるのではと……」といったように出すわけです。A案だけだと、「まあこういうことかな」となる場合が多いですけど、発注主は「もうちょっと考えてほしかったな」と少し不満に感じるものです。B案だけだと、「僕らの意向を理解してくれてるんですか?」と不安になります。2案出して怒る人はかなり珍しいです(いないわけではないです)。A案を出す意味は、「ちゃんとご意向を理解してますよ」という確認でもあり、発注主は安心します。その上でB案を出すと、「これあるかも」とスムーズに決まりやすいのです。そうすると、クリエイティブチームへのリスペクトも得られるので、良好な関係で後の仕事ができます。

チームでの打合せでコピーを提出する時も同じやり方でやってください。たとえばコピーを100案書くとすると、最初の50案はCDのオリエンに沿ったものを。次の50案は自分のオリジナリティあるものを。それが面白ければ「次もこの子に声をかけよう」となります。最初の50案だけでは「物足りないな」となりますし、後の50案だけでは「君、話聞いてた?」となります。

ツラいことの対価

発明家のエジソンはこんな言葉を残しているそうです。「人間は、考えるという真の労働を避けるためなら何でもする」。僕らがお金をもらえる根拠はここにあります。

人間の脳は、サボるようにできています。考えるほどにツラくなっていきます。なぜなら、脳は大量のカロリーを消費しますので、狩猟採集時代では、頭の使いすぎは餓死を意味したからです。試験勉強がキツいのは誰でも経験あるでしょう。どこかでストップがかかるようにプログラミングされているのです。しかし僕ら広告クリエイターはその本能に打ち勝って、誰よりも考えないといけないのです。

僕らは「真に大事な本質は何か」とモヤモヤしている発注主のためにスッキリとした課題解決を提示してあげなければいけません。これはある種の汚れ仕事です。考えれば考えるほどわからなくなって、精神的に追い詰められることもあります。トップクラスの人でも同じです。才能に溢れているのに、他業種に転向した人も多く知っています。まさに人生を削っているんですよ。本当に考え抜いたのであれば、少なくとも、コピー料数万円というのは対価としてふさわしくないと思っています。誰よりも、発注主よりも、うんと、うんと、考え抜き、最高の答えを出し、そして堂々と正当な対価を請求すればいいんです。その請求額にふさわしいコピーを書いたかどうかは先方にもわかります。そこに到達するまでのツラさが想像できるからです。

店頭　超重要

広告のあらゆるメディアの中で、最も重要なものはどれでしょう。僕は迷わず「店頭」と答えます。プレゼンテーションの華は確かにテレビＣＭです。ＣＭ企画の良し悪しが勝敗に大きく関わることが多いです。その大きな理由は、ＣＭが最も予算を使うからでしょう。しかし、いくら素晴らしいＣＭを大量に流しても、店頭のいい場所に商品がなければ売れることはありません。逆にＣＭを流さなくても、店頭のいい場所に商品が置かれ、ＰＯＰなどの店頭ツールがしっかりしていれば商品は売れます。

僕はＣＭ企画をする時も、店頭から逆算します。

メガネスーパーは店頭に行ってなんとなく寂しさを感じました。商品に目がいきにくい、ということもありましたが、気持ちが上がらないというか……。その正体を考えていくと、「そうだ、女子がいないんだ」（笑）と。店頭に笑顔が足りない気がしたのです。そこでアイドル

ユニットのバニラビーンズを商品のディスプレイタレントとして起用し、契約タレントの筧利夫さんにこの2人を加えたテレビCMを制作しました。それをまた店頭に落とし込むことで、活気と共に商品が際立つ売り場作りができたわけです。

Reebokの『ZIG-TECH』というスニーカーを担当したときも「まず店頭POPを変えましょう」と提案しました。ギザギザのソールに特徴があるスニーカーで、そのクッション性がランニング時の負担を減らすという優れた機能を持っていたのですが、そこが伝わらず、「奇抜なデザイン」ぐらいにしか見えていなかったのです。それで「反則?」というスポーツ界のタブーワードを使い、売り場で目立つ機能説明POPを作りました。クライアントは大変気に入ってくれて、これでテレビCMを作ろうという話に広がっていきました（結果、広告電通賞のファッション部門最高賞をいただきました）。商品も売れました。

売りの現場に最も近いところにある店頭POPや、チラシ、カタログなどはサッカーで言えばフォワードです。ここに決定力がなければ売れるものも売れません。特に高額商品はカタログを見て買うか買わないかの意思決定をします。なのに、これらはなぜか軽んじられる傾向にあります。チラシやカタログなどは印刷会社が「サービス」で企画制作していたりします。僕が「自分にやらせてくれ」とクライアントに言ってもやらせてもらえません。なにしろ向こうはタダなのですから。もちろんサービスでも優れた仕事をする場合もあるでしょうが、ここはクライアントもちょっと意識を改めてほしいものです。

広告会社の中でも、店頭は若い人（あるいは外注）、CMはベテランが制作するといった布陣になることが多いと思います。もしかすると、これはひっくり返してもいいんじゃないかぐらいに僕は思っています。まあ、なかなかそうはならないでしょうが……。店頭周りのコピーをまかされた若い人は決してクサることなく、自分がゴールを決めるんだ！　といった高い意識を持って取り組んでほしいと思います。

まず自分がファンになる

ここまで、コピーを書くにあたっての心構え的なことを述べてきましたけども、僕が思うに、コピーを書く上で最も大事なこと。それは、

担当商品のファンになること

です。

僕はトヨタのエコロジー関連の仕事を依頼されたとき、メルセデス・ベンツのMLからトヨタのハリアー・ハイブリッドに乗り換えました。ハイブリッドの力を知らずに企画はできない

と思ったからです。やはり乗ってみるとよくわかる。想像とは全く違います。ハリアー・ハイブリッドは加速力と燃費のバランスが抜群で、いまでも車の購入を考えている知人に「あれはいいよー」と勧めます。住宅機器メーカーのクリナップは長い付き合いのクライアントです。だから、我が家のキッチンも風呂もクリナップ。PC用のメガネはメガネスーパー。自分の惚れ込んだ商品の価値を、どうやれば表現できるのか、その苦悩が僕らのモチベーションであるべきです。それなしではどんなコピーもどこか薄っぺらく、嘘っぽいものになってしまいます。真の説得力は得られないと思うのです。

僕はコピートレーニングのために出題される「石けんのコピーを書け」的な課題に違和感があります。その理由は第一章でも述べた「カテゴリーでコピーは書けない」ということなんですが、別の言い方をすれば、石けんのファンになどなれない、ということでもあります。石けんの中では、「牛乳石けん」は香りが好きだなあ、とか、「どろあわわ」の10円玉が浮く弾力泡に惚れた、とか、そういうのはあると思うんです。

担当商品のファンになり、商品の良さをしっかりと考える、という大事なことが抜け落ちてはいけません。それがないと、言葉遊び、小手先ばかりのコピーになってしまいがちです。もちろん、クルマを買えとまでは言いません。でも、担当商品を愛する努力はしてほしい。

その昔、博報堂に佐藤友重さんという偉大なクリエイティブディレクターがいらっしゃいました。彼が僕に言ったことをまだ覚えています。「小霜君、コピーライターはまず手でコピーを書く。それが成長すると、頭で書くようになる。さらに成長すると、血で書くようになるんだよ」と。この節で述べたことは、この言葉とどこかつながっているように思います。

コピーライターを育てる人

さて、ここでコピーライターとしての自分を育て、成長させてくれる人は果たして誰だろう、という話をします。素直に考えれば、会社の上司、先輩、クリエイティブディレクター、ということになるかと思いますが、それよりも僕は、**デザイナー**（アートディレクター（AD）の

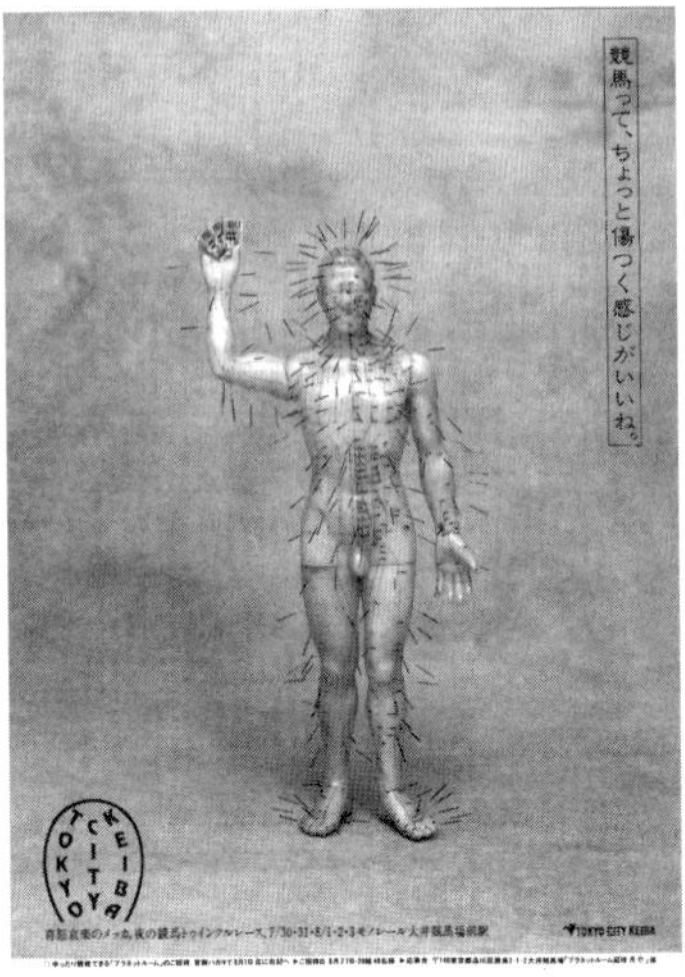
競馬って、ちょっと傷つく感じがいいね。
TOKYO CITY KEIBA

アシスタント。経験を積むとADになる）が**コピーライターを成長させるキーマン**だと思います。

20代の頃、僕はチームを組んだデザイナーたちと、東京アートディレクターズクラブという団体が主催するADC賞など、いろんな広告賞を獲りまくっていました。どういう仕事の仕方をしていたかというと、例えば、TOKYO CITY KEIBAの雑誌広告。デザイナーが、人体の筋肉の模型を持って来るんです。「何かこれに感じるものがあるんですよね……。何かあるんじゃないかって……」とブツブツ言っている。いや、人体の筋肉模型と競馬に何の関係があるのよ!? と思うんだけど、何かあると言うからには何かあるのかもしれない。いったいそれは何だろう……うーん、興奮ってことか？　体内成分……？　と考えて、「アドレナリンの王様。ＴＯＫＹＯ　ＣＩＴＹ　ＫＥＩＢＡ」と書いてみたり。そしたら次は、鍼とか指圧のための人体模型を持って来て、「これも何か感じるものがあるんですよね」とか言う。何じゃそれはと。面白いツボってこと？　刺激？　それじゃただビジュアルをコピーがなぞっているだけだしなあ……うーん、と考えて、「競馬って、ちょっと傷つく感じがいいね。ＴＯＫＹＯ　ＣＩＴＹ　ＫＥＩＢＡ」とか。そんなことばかりやっていたんですが、**つまりは化学反応、ケミストリーです。異種の発想をぶつけ合って新しいものを生み出そうということ。**それは表現を「膨らませる」トレーニングになったと思うし、もうどんなビジュアルだろうと商品につなげる自信あります（笑）。

いま、広尾日赤病院の敷地の半分は「広尾ガーデンフォレスト」というマンションになっていますが、これの広告キャンペーンを考えていたときの話。三井不動産・三菱地所がフィフティフィフティで共同出資しているというちょっと珍しい物件でもあり、僕は両社からの「メッセージ」をシンプルに伝えていこうと考えました。「広尾の高台、素晴らしい土地を得て、ここでヘタな仕事はできません」、という。ただ、このメッセージの表現の仕方がわからない。

手紙に書いたものを撮影してグラフィック広告にするのか？　ポストイットに書くというのもあるか？　など、悩んで答えが出なかったんです。そしたらアートディレクターの服部一成さんが「小霜さんこういうのどうですか」と、エルメスの小物入れを持って来たんですね。オレンジの紙の箱。「この中にメッセージカードを入れたら」と。「これですよこれ！」と僕は飛びつきました。高級感あり。メッセージを大事にしているニュアンスも伝わってくる。そして、オレンジの箱の中に「あの場所。」とだけ書いたカードが見えているビジュアルを新聞15段で出稿し、さらにそのオレンジの箱をDMとして送るというキャンペーンを開始しました。新聞はシリーズ展開していくはずだったのですが、

資料請求の電話がパンクしてしまって2回で終了となりました……。

僕は今でもアートディレクターに助けられています。自分にとって、アートディレクターは超重要なパートナーです。若い人たちにも、まずコピーライターとデザイナーで組んで考えるように言うのですが、何だか無批判にお互いの出したものをそのまま受け容れるんですね。それではいけません。

グラフィック広告は、ビジュアルありきでそれにコピーを付けたように見えるものもあれば、その逆もあります。互いにビジュアルとコピーを出し合って、組み合わせたとき、どうもビジュアルの方がメインになっているように見えると、コピーを書き換えたりしてコピーメインの表現に見えるようにする。そうするとデザイナーがビジュアルを変えてくる。そんなことをやっているうちに表現全体のレベルが高くなる。デザイナーとコピーライターはそういう関係が理想であると思います。その上で、大所高所からのCDの意見が聞ければ、その関係は完璧と言えます。

人は化ける

この章の最後に、「人は化ける」という話をします。化粧品会社のエスティローダーでマーケティング本部長をされていた酒井周子さんには若い頃からずいぶん贔屓にしていただいて、今でも家族ぐるみでお付き合いをさせてもらっている間柄なのですが、彼女が引退されるとき、僕に残した言葉が「コッシー、人は侮れないわよ」でした。これは、それからの仕事人生の座右の銘の一つになりました。

本当に人というものは侮れません。これまで言ってきたことと矛盾するようですが、会議では全く目立たなかった「侮っていた若者」が、いつの間にかスター選手になっていたりすることって、あるんです。

クリエイティブでも、ダッサーい仕事しかしていなかった「侮っていた若者」がどこかでスポンと栓が抜けたように天才化することがあります。それは、コピーライターにも、デザイナーにも、プランナーにも、CM監督にもあります。僕はそれを多数、見てきました。

たとえば、僕がトレーナーをしていたPOOLの小西利行君は、若い頃はダッサーいコピーしか書けない男でしたが、あることをきっかけに天才化しました。プレイステーションの雑誌広告シリーズを任せたところ、あまりに面白くないのでずっとダメ出しをしていたんですね。もう明日入稿しないと間に合わないという段階でも、ダメ出し。「こんなん出すぐらいなら真っ白で出した方がマシ」と。実際、ビジュアルのない原稿に「コピーライターが面白いのを書けないので、今回は休載です。」というメッセージだけが載っているものを出稿しました。いま思えばメチャメチャですね。それを許すクライアントもすごいと思うけど（佐伯雅司さんという偉大な本部長でした）。それで小西君は本気で危機感を覚えたらしく、「もう自分の好きな落語でやろう。それしかない」と開き直ったら、これが面白かった。「これでいいのか！」と彼の中でいろんな回路が壊れたり、繋がったりしたようです。それ以後、彼の成長ぶりは目を見張るものがありました。

こういった「化ける」人たちには共通点があると思います。それは、すぐに、「まあいいか」と思わない。どこか臆病で、「これでいいのか」と疑っている。自分を追い込むことができて、自分を沸騰させることができる。そうすれば、どこかでその「抜ける瞬間」はやって来ます。

40度のお湯で作ったカップ麺を「これでも食えるじゃないか」と有り難がっているうちは化けることはないでしょう。

この章の冒頭で『人生はワンチャンス！』という犬の名言写真集の紹介をしましたが、2014年はその第2弾、猫バージョンの『人生はニャンとかなる！』（文響社刊）もヒットしています。

まっとうなセオリーを理解し、発注主、ターゲットの気持ちをちゃんと汲んで、しっかり考える。ジタバタ足掻いて努力をする。そうすれば、広告コピー、クリエイティブの仕事はニャンとかなるものです。僕がそうであったように。

さて次章では、コピーライターは職業としてどれだけの価値があるのか？　コピーライターの醍醐味とは何か？　ここは人それぞれかとは思いますが、僕が信じていることをまとめてみたいと思います。

第四章のおさらいと用語解説

❖クリエイティブの仕事はワンチャンス！

新規の仕事は競合プレゼンを勝ち抜くことによって得られる。負けたら仕事がない。若手コピーライターも打合せでダメダメなコピーや企画を1回でも持ってきたらクリエイター生命は終わりだと思っていたほうがよい。

❖ワンチャンスをものにするにはどうすればよいか

ジタバタすること。

コピーを書くために何を準備するべきなのか、そこで考え抜くしかない。

❖コピーライターがやってはいけない仕事のやり方

最初からカタチにしてしまうこと。最初に言葉というカタチにしてしまうと、「コピーができた」と錯覚してしまう。

❖コピーライターが最も養わないといけない能力は「聴く能力」

オリエンや打合せに出て表面的なことだけメモを取ることではなく、クライアントやCD、チームの課題、悩み、欲求、ゴール目標などの「真意を理解する」ということ。

❖クライアントの要望に対して

クライアントの要望に応えられないのは三流、クライアントの要望にしか応えられないのは二流、クライアントの要望以上のアイデアを出すのが一流。

❖最も重要なメディアは「店頭」である

実際に商品が売れるかどうか、という点でいうと圧倒的に店頭が重要。いくら素晴らしいCMを大量に流しても、店頭のいい場所に商品がなければ売れることはありません。逆にCMを流さなくても、店頭のいい場所に商品が置かれ、POPなどの店頭ツールがしっかりしていれば商品は売れる。

❖ コピーを書く上で最も大事な心構えは「担当商品のファン」になること

自分の惚れ込んだ商品の価値を、どうやれば表現できるのか、その苦悩が僕らのモチベーションであるべきです。

それなしではどんなコピーも薄っぺらく、嘘っぽいものでしかありません。

真の説得力は得られない。

❖ デザイナーがコピーライターを成長させるキーマン

「それならこういうコピーがいいんじゃないか」「それならこういうビジュアルはどうよ」と、建設的なケンカをすること。そうやって「高め合う」感覚が大事。その上で、大所高所からのＣＤの意見が聞ければ、その関係は完璧。

❖ コピーライターが天才に「化ける」には

どこかで自分を追い込んで、思考を煮えたぎらせていること。

コピーライターに重要なキーワード

❖ 2案発想

「信じる」と「疑う」を同時にやる。要望通りの企画、コピーと、自分ならではのアイデアに基づいた、「こういうのもあるのでは?」という「もう一つの正解」の2案出すこと。

回り道コラム④

妻が僕に惚れている理由。それは、「人の話をちゃんと聴くから」だそうです。知り合った当時、彼女には既に付き合っている方がいました。でもあまりいい関係ではなかったようで……。彼女の話を僕はただ聴いていただけなんですけど、そこにすごく安心感があって、僕に傾倒していったそうです。

世の男性の多くは、話すことが口説くことと思っているようですが、それは間違いです。キャバ嬢とか風俗嬢に説教する人は「サイテー」と言われます。合コンで自分の仕事自慢しても、ほぼスベります（「あのCM、おれも関わっててサー」「あのコピー知ってる?」とかでなびく女性はほぼ打算です。惚れるのとは全然違うので注意。僕の多くの体験から断言できます（泣））。好きな女性を振り向かせたいのなら、彼女の話をよく聴いて、一言、

「がんばってるね」

と言ってあげるだけでいいと思います。

エージェンシーとクライアントの関係もこれと近いものがあります。クライアントは解決すべき課題を抱えています。悩みがあります。優秀な営業さんは彼らの考えを頭ごなしに否定したり意見を言ったりしないで、まずしっかりと理解をします。そして、「うまくいきますよ」と励まします。その安心感の上に提案すると、受け容れてもらいやすくなるんです。

現代人は、「聴いて聴いて星人」です。ペットは最高の聴き役です。ペットに何を語りかけても反論されたり説教されたりはしません。聴いてもらうだけでも癒やされたり元気になったりするんです。ペットどころか驚くべきことに、バンダイキャラクター研究所の調べでは、キャラクター商品に語りかけたことがある、という人は全年齢の32・4％に上ったそうです。キャラクターブームの源泉もここにあると言えそうです。コピーライティングのため、だけでなく、あらゆる仕事関係、人間関係で「聴く能力」はますます重要になってくるでしょう。

広告業界含む経済界全体も、ターゲットの気持ちをいかに「聴く」か、そこに未来を賭けています。

僕の主宰する広告学校には大学生も多く、その中から毎年何人かは大手広告会社に就職します。僕は彼らに、「面接でコピーライター志望だなんて言うなよ」とアドバイスしています。つい最近も、「社内データサイエンティストを目指す」って言っとけ、と入れ知恵しました（彼は受かりました）。なぜかというと、いま広告会社が熱くなっているスポットはターゲットのデータ分析です。膨大な顧客情報である「ビッグデータ」をどう扱うか。コモディティ化の流れの中、ターゲットの欲求、動向をデータ分析によっていち早く押さえることがますます重要となってきているのです。Tポイントや Ponta などの会員制ポイントサービスは、ターゲットの購買動向をデータ化するためにあります。彼らはデータを会員企業に販売することで利益を上げています。ポイントだけでなく、ＤＭＰ（Data Management Platform）というシステムも普及を始め、僕らの購買行動に関するあらゆる情報がデータ化され分析されます。またＷＥＢ

上での行動履歴は「カスタマージャーニー」として情報化されますし、「ソーシャルリスニング」と呼ばれる、ＳＮＳ上の会話からターゲットの動向を分析する手法も活発化しています。ターゲットの欲求を知るためにはクレーム内容も有効と言われ、クレームを買い取る業者も存在します。

２０１４年の７月に、総務省はビッグデータが「国内全産業の売上高を60・9兆円押し上げた」と発表しています。

聴いてほしい人たちと、聴きたい人たち。

ただし、そうやっていくら情報を集めても、「データはデータ」です。その数字が何を意味するのか、正しく解釈しなければいけません。「聴く」ということは、相手の心の奥に潜む真実を感じ取ること。そこに必須となるのが人間のインサイトへの知見です。人間の心の仕組みはどういうものか、今を生きる人たちの不安と欲求はどこにあるのか、そういったことを押さえておく力は、広告クリエイティブに活かされるだけではなく、今後の広告マーケティング全体の要となってきます。

第五章　コピーライター人生とは

広告は現代の「日本書紀」である

「空気・音・広告」。これは、現代の都市生活者が避けることのできない生活環境です（少し前までは「水」が加わっていましたが、ウォーターサーバーや宅配水が普及することで、経済力によっては自ら選択することができるようになってきました）。

北京では健康に害を及ぼす粒子状物質であるPM2・5によって深刻な空気汚染が広がり、健康被害が懸念されています。これが日本にも拡大してきているようですが、空気清浄機を買うぐらいしか対抗の手立てはありません。また騒音も引っ越さない限り逃げることができません。僕は社会人になった当時交差点の角のマンションに住んでいましたが、アクセルをふかす時のクルマの騒音は酷いものでした。**広告も、避けることのできない生活環境です。なぜなら広告というものは基本的に、ターゲットの目の前に否応なく飛び込んでくる性質を持っているからです。**テレビ番組は生活者が選んで観ることができますが、広告を選ぶことはできません。広告は発信する側がターゲットを選んで見せるのです。この広告は中高生に見せたいから学校近辺のビルボードに掲出しよう、このCMは主婦層に見せたいからBSのショッピングチャンネルの枠で露出しよう、など。先述しましたが企業側からターゲットへアプローチすることをアウトバウンドと言います。逆に、ネット検索とかで、生活者が自ら商品情報を取りにいくことをインバウンドと言います。望まないのに目の前に常に広告が見えている状態はストレスフルであり、広告主のイメージもよくないから、今後、広告は全てインバウンドであるべき、という論もあります。そこに耳を傾けるべきものはありますが、当面はアウトバウンド・インバウンド入り交じる状況が続くことは疑いがないと思います。

そんな中で広告表現をできるだけ明るく、楽しく、希望に満ちたものにすることが僕らクリエイターの基本的な務めです。**僕らは広告を作ると同時に、生活環境を作っているのだという自覚を忘れるべきではないでしょう。**もっと大きなことを言えば、現代の広告は宗教の役割をも果たしていると言えます。昔から人間は、自分たちに恵みと災いを与える自然をどう理解すればいいのか、逃れられない欲求、病、死とどう付き合っていけばいいのか、そのどうしようもない「わからなさ」を埋めるために神話を生み出しました。「日本書紀」「ギリシャ神話」etc.。そしてそれらはやがて宗教へ発展していったと考えられています。現代を生きる人々も、人としての根源的な部分は古代の人々とさほど変わってはいません。漠然とした不安、どこから来るのかわからない欲求、そういったどうしようもない「わからなさ」を埋めるために物語を生み出し続けています。それは、モノとヒトの物語です。新しい商品やサービスを利用することで人々は内奥の悩みを解消するのです。そして、

現代人は広告を見ながら、そこに自分の不安や欲求を解決してくれる希望も見るのです。

もしいまこの世界から広告がなくなってしまったら、人々は自分の不安や欲求を解消する希望が見つからなくなって、病んでしまうのではないでしょうか。僕らクリエイターは希望を作る手伝いをしているんです。

たとえば缶コーヒーの広告。BOSSもGEORGIAもFIREもWANDAもRootsも発信しているメッセージは大きく一つです。「働くのって大変だけど、がんばるっきゃないよね」。この広告を観て、働く人たちは自分の中の不安や欲求がやわらいでいき、ファンになった商品を手に取ってくれるのです。

プレイステーションを、僕は「現代のキャッチボール」と定義づけていました。昔の父子は空き地や路地でキャッチボールすることで、絆を確認していました。今は、ゲームをやることで仲良くなります。家族関係について不安や欲求を持っている人たちがここに希望を見出してくれたからプレイステーションはヒットしたのだと思っています。

以前、クリエイティブディレクターとして『キリン一番搾り』を担当した時の話。一番搾りは「食に合うビール」というコンセプトでヒットしていて、『アサヒスーパードライ』に次ぐ2位の売上げを誇っていました。ただ僕は何となくそのコンセプトが物足りなくなっていました。当時、日本で開催された万博「愛・地球博」の日本館のコンセプト開発などしていて環境意識が高まっていたこともあり、「地産地消」の考え方を持ち込めないかなと考えたのです。「地産地消」とはその土地の産物をその土地で消費することで流通のエネルギーを減らそうというエコの考え方ですが、同時に、その土地の名物を見つけ地方活性化につなげる運動でもあります。

そして俳優の佐藤浩市さんが地方に隠された美味を見つけるＣＭシリーズが始まり、そこで紹介された食材と共にビールを販売するという、大手スーパーとのコラボ効果もあって一番搾

りは一層の飛躍を遂げました。発泡酒の登場でどのビールも売上げを激減させる中、一番搾りだけが売上げ前年比アップを果たしました。「日本全国47種類のうまいが当たる」キャンペーンには、2千万口以上の応募がありました。CMシリーズ展開が終わった後も「日本全国のうまいものを探す」という流れは止まらず、「ご当地グルメ」「B級グルメ」のブームへとつながっていきます。つまり「地方をもっと見直そう」という現代の物語を皆で共有し、さらに膨らませるきっかけをつくったわけです。

伝説の広告マンであるデイヴィッド・オグルヴィはこう言っています。「広告が邪悪になるのは、邪悪なものを広告している時だけだ」と。

広告には希望に満ちた楽しい物語を生み出すパワーがあります。

企業を方向付けるもの

ここで少しコーポレート・アイデンティティ（CI）の話をします。

よく広告業界の人はCMの最後にくっついている企業ロゴと企業スローガンを指して「CI」と呼んだりしますが、この認識は正しくありません。

CIというのは、その時代の変動の中で、企業がその先も生き残っていくために必要な事業コンセプト、活動領域、自分は何者であるべきかなどを再点検していく作業のことを言います。

たとえば、エルメスはもともと馬具屋さんでした。鞍などを作っていたのです。昔の都市は馬だらけでしたから、ずいぶん繁盛していたと思われます。しかし自動車の時代になり、馬は都市からどんどんと姿を消していきます。この危機に臨んで、エルメスは自社のアイデンティティを「革屋」へと変更します。馬具を作る上で欠かせないのが皮革を扱う技術ですが、これを利用して今後はカバン、バッグ、靴など皮革商品一般を扱う企業になろうと脱皮したのです。この「CI」があったためにエルメスは生き残り、さらに活動領域を服飾に拡げることで世界を代表するファッション企業として発展していきました。

CIを成功させた日本の代表的な企業と言えば、FUJIFILMでしょう。デジカメの登場により写真フィルムの需要が減っていく中、コダック始め多くのフィルム企業は当然のごとく倒産に追い込まれました。FUJIFILMはフィルム事業を潔くスリム化し、自らがリードできる活動領域を新たに見直すことで、今も優良企業として繁栄しています。

CIの構築作業の中で重要な役割を果たすのが企業スローガンです。これは、**今後の企業の進むべき方向性を社内外に対してはっきりとしらしめる役割を持ちます。**

僕はこれまでいくつかの企業スローガンを作ってきましたが、どれも数年後の企業やブランドがどうあるべきかという視点に立っています。繰り返しますが**CIとはその時のアイデンテ**

ィティを確認・表現することではないからです（これはCIのコンサルタント含む実に多くの人が誤解しています）。

プレイステーションの立ち上がりの時、僕が書いたスローガンは「全てのゲームはここに集まる。PlayStation」。競合のゲーム機「セガサターン」を発売していたセガは優れたソフト開発力を持っており、自らゲーム業界の先頭に立とうという戦略のようでしたが、ソフト開発力で一歩譲っていたプレイステーションは、コナミ、ナムコなど有力なソフトメーカーを支援し、彼らのコンテンツを支える役割に回るという戦略を取ったのです。そして、あらゆるゲームソフトをプレイステーションで遊べるようにする約束を社内外に示したわけです。この方針が実を結び、やがてファイナルファンタジーやドラゴンクエストという大人気ゲームがプレイステーション陣営に加わることで、勝敗は決しました。

昨年、TECDIAという技術系企業のCIの構築作業をさせてもらいました。経営者の問題意識は、いくら技術があっても下請的に仕事をやっているうちは付加価値が出ないと。依頼された案件についてこちらから再提案する、といったモデルにしていくことでもっと利益が出る体質に持って行きたい、というものでした。

僕が提案したスローガンは「こうしましょう。TECDIA」でした（海外では〝Let's Do This. TECDIA〟）。企業スローガンとしてはやや妙な言葉遣いではあります。でも、今後は社員全員が、あらゆることについて、「それならばこうしたらどうだろう?」と自分の意見を持ち、会社全体を提案型の社風にしていくんだ、という意思を浸透させるのにわかりやすいかなと思ったのです。たとえば、「技術で未来を作る。TECDIA」みたいなスローガンだったとして、社員はそのスローガンから今後どう動けばいいかヒントが得られるでしょうか。「愛・地球・希望。TECDIA」だったとして、いったい何をどうすればいいか、社員はわかるでしょうか。残念ながら世の企業スローガンの9割はこのような、CIとして働かない言葉でできています。

言葉というものの役割は、大きく2つあります。1つはコミュニケーション。もう1つは思考の補助です。

たとえば人以外の動物は「夢」を考えることができません。言葉がないからです。言葉があれば、目の前の具体だけでなく、言葉のメタファー（隠喩）を利用することで存在しない抽象をも考えることができます。僕らは「夢」というものをふわふわ漂う何かに喩えながら、「夢を追いかける」「夢をつかむ」といった言葉で思考します。逆の言い方をすれば、人は言葉を超える思考ができません。思考は言葉に縛られますが、自由に言葉を使いこなせれば、思考は広がり、人の行動も変えていきます。

つまり、**言葉が人の行動を決めるのです。**

「未来」を考えることができるのも、言葉を持った人間だけです。だからこそ**コピーという言葉には、企業の未来を決定づけるパワーがあります。**

Apple の iPhone を生み出す基となったのは「Think Different」という企業スローガンかもしれません（きっとそうでしょう）。

ディズニーランドの信じられないほどのきめ細やかなホスピタリティを生み出す基となったのはウォルト・ディズニーの「The Happiest Place on Earth」という言葉であると思います。

コピーには企業の未来を決定づけるパワーがあります。これがうまく機能したときの醍醐味は格別なものがあります。コピーライター冥利に尽きる瞬間です。

個人的な実感値として、一般企業からのＣＩの依頼が以前より増えてきています。この本を書いている今はｉＰＳ関連企業のＣＩに取り組んでいます。言葉の重要性に気がついた企業が増えてきているのではないでしょうか。

ところでＦＵＪＩＦＩＬＭの企業スローガンは〝VALUE from INNOVATION〟です。日本人にはややわかりにくい言葉ですが、グローバル共通のワードとしたのでしょう。

コピーライターは人助け業

これはＮＨＫの情報・ドキュメンタリー番組「プロフェッショナル　仕事の流儀」で観た話。東京の老舗鰻屋「野田岩」は、ずっと天然鰻ひとすじでやって来たのだが、天然物の供給は細る一方。市場の鰻のほとんどが養殖となる中、店を畳むべきか苦悩する当主の金本兼次郎はひとつの言葉に出会う。

「のれんにだけ頼っているなら別だが、本物を作っているのなら心配ない」。

天然か養殖かが問題ではない、本物を追求する心が問題なのだと気づいた彼は、養殖で天然を超える本物の味を追求しようと決心する。

これもまたCIです。

ひとつの言葉が彼の人生と、長年続いたのれんを守り、変えたわけです。

最近、不二グループという介護系企業の企業スローガンの仕事を、うちの会社のコピーライターが受けてきました。プレゼン前日にちょっと気になって、書いたコピーを見たら「やさしさが〇〇」「がんばりが云々」といった、毒にも薬にもならないようなものばかり。彼らがなぜそういう依頼をしたかというと、課題解決をしてほしいからです。介護サービス事業者の課題は何より人材獲得と離脱防止でしょう。それが経営課題と直結しているのです。そして、それを達成するためには、働く人たちに誇りを感じてもらい、自分の仕事の価値を思い出してもらわないといけません。そのためにどういう言葉を共有すればいいのか。僕は先方に謝ってプレゼンを延ばしてもらい、そのコピーライターを3日間現場で働かせてもらうことにし、現場でインタビューをさせました。それを元に僕が書いた企業スローガンは「思いが力に育っていく。不二グループ」。介護の現場で働いている人のインサイトとして、自分たちの経験、ノウハウなどに誇りを持っている、というのがありました。介護の職業を志望する人は誰しも「思い」はたっぷりでしょう。でも、それを活かせる環境や職場の知見がないことには、それは社会を良くする「力」にはなれない。その思いを持った人たちを救うことにもならない。企業としてそういう視点を大事にしないといけない。ここは、あなたの「思い」を「力」に成長させられる場所ですよと、そういうコンセプトです。

僕は、コピーの力で企業や、そこで働く人たちに未来を見せてあげ、助ける案件にこそやりがいを感じます。

映画「シンドラーのリスト」の台詞で「1人を救う者が世界を救う」という言葉が僕は好きなんですが、1本のコピーで介護の現場に踏みとどまる人が1人でもいれば、その人が後進を育て、結果的に数人、数十人の力を生み出すことになるかもしれない。

コピーライターというのは人助け業でもあると僕は思っているのです。

どれだけ多くの人をどのくらい大きく喜ばせるか

以前、『ユダヤ人大富豪の教え』（大和書房刊）という本を読みました。そこには報酬というものの原則が描かれていて、なるほどなあ、と納得させられました。報酬とは、どれだけ多くの人を、どれだけ喜ばせたか、その総量と比例するというのです。

いわば、喜び1点の人を10人生み出せれば10喜びポイント。喜び10点の人を1万人生み出せれば、10万喜びポイント。後者は前者の1万倍の報酬を得てもいい、という計算です。プロスポーツ選手がなぜあれだけ高額の報酬を得られるのか（サッカーのクリスチャーノ・ロナウド選手は2014年の年収が74億円！　経済誌『フォーブス』による世界のスポーツ選手年収トップ一〇〇名2014年版より）。音楽アーチストがなぜあれだけ高額の報酬が得られるのか。それは、彼らの活動から喜びを得る人たちがそれほどたくさんいるからです。大企業の経営者も、彼の働きで喜びを得る生活者がたくさんいるのだから、高額の報酬をもらっていいという考え方です（ビル・ゲイツが『MS-DOS』という基本ソフトを発明したおかげで僕らの生活がどれほど進歩したか！）。

コピーライターも同じ。**コピーライターが、モノとヒトとの関係を創造したり改善したりすることで、たくさんの人たちを喜ばせることができれば、それに応じた報酬を得るのは自然なこと。**

この本の冒頭で、コピーライターの正当な報酬はいくらぐらいだろうか、という話をしました。それは、「がめつく稼げ」と言いたかったわけではありません。これからコピーライターを目指す人、コピーライターになったばかりの人が、どうもコピーの価値を過小評価して、言葉遊び程度に捉えている傾向が気になったのです。

自分のコピーで、「日本経済を活性化させるんだ、社会をもっと住みやすくするんだ」、そのぐらいの魂を持っていてほしいものです。

そのためには、最初に、上司であるCDを喜ばせましょう。同僚のデザイナーを、広告会社の営業さんを、チームの仲間を、喜ばせることから始めましょう。

若手コピーライターには、まず自分が喜びたい、という人が多いです。中には日常業務はテキトーで、公募の広告賞は目を血走らせて必死、そういう人もいます。愚かなことです。日常業務の中にこそ、喜ばせることのできる人がいます。周囲を喜ばせ、広告主を喜ばせ、多くの生活者を喜ばせて報酬をいただくのが僕らの仕事。どうやればCDは喜ぶのか？　どうやればデザイナーは、営業さんは、チームのみんなは喜ぶのか？　まずはそれだけ考えていればいいです。それだけ考えていれば、周囲があなたを引き上げてくれます。気がつけば1人で年間の売上げ1億円とか。そのぐらいの数字は不可能じゃないです。

これからの時代は、若い君たちのものです。

コピーライターという職業に何を見いだすかは人それぞれ。もしかすると、若い人たちには僕がこの本で述べてきたことのほとんどが、理解も共感もされないかもしれません。でも、あんまりチンケな職種にはしないでほしいなあ。

そろそろ締めます。

いま、僕らが生きている時代の、広告コピーというものの、役割、価値、本質、などを知っていただいて、素晴らしいコピーを書くことの大変さ、それに伴う喜び、社会へ貢献するというやりがい、そのあたりを少しでも感じ取ってもらえれば著者として嬉しい限りです。

第五章のおさらいと用語解説

❖ 広告は避けることのできない生活環境である

広告はターゲットの目の前に否応なく飛び込んでいく性質を持っている。だから、広告を作ると同時に、生活環境を作っているのだという自覚を忘れてはいけない。

❖ 言葉の役割

コミュニケーションと思考の補助の2つが主な役割。

❖ 報酬とは

どれだけ多くの人を、どれだけ喜ばせたか、その総量と比例するもの。

❖ コピーライターの報酬とは

コピーでモノとヒトとの関係を創造したり改善したりすることで、たくさんの人たちを喜ばせることができれば、それに応じた報酬を得る。

❖ 若手コピーライターがまずやること

上司であるCDを喜ばせる。同僚のデザイナー、広告会社の営業、チームの仲間を喜ばせること。

コピーライターに重要なキーワード

❖ コーポレート・アイデンティティ（CI）

時代の変動の中で、企業が生き残っていくために必要な事業コンセプト、活動領域、自分は何者であるべきか、などを再点検していく作業のこと。

❖ 企業スローガン

今後の企業の進むべき方向性を社内外に対してはっきりとしらしめる役割を持つコピーのこと。その時のアイデンティティを確認・表現することではないので注意。

おわりに

これまでいろんなブランドのクリエイティブ・ディレクションをさせていただき、この本を書いている今年も、おかげさまで多くの商品が昨対比2倍以上、あるいは目標値2倍以上の売上げを達成することができました。ところがあるクライアントから、思いもかけぬことを言われたのです。

「小霜さん、もう現場離れたら？」

全く意外であり、自分には重い言葉でした。制作現場中心じゃなく、もっと大所高所からの目線で提案してほしい、とおっしゃるのです。僕の自宅は1階にちょっとした打合せスペースを設えているのですが、いろんな企業の経営者や役員の方が相談にいらっしゃいます。確かに、そこで話されるのは具体的な企画ではなく主に経営目線での戦略です。僕ももう50を過ぎましたし……「精神的には大学生の頃と変わってなくてハッハッハー」みたいなオヤジの決まり文句も周囲はウザく思っているかもしれないし……。

というわけで、これまでの現場主義を見直す時期なのかなと思い始めました。同じチームのクリエイターたちに向き合う時も、今後は自分が主体となって企画制作するよりも、企画制作する人たちをサポートする、育成する、そういうスタンスに変えるべきなのだろうと。

そこで、今後は「クリエイティブ・コンサルティング」に自分のポジションをずらしていこうと決めました。自分自身のCIです。

そんなタイミングで、宣伝会議の佐藤さんからこの本の企画をいただきました。彼はずっとコピーライター養成講座などセミナーの担当だったのですが、書籍の方に異動されて、その最初のオリジナル企画がこれなのです。宣伝会議としては、もっと社会全体に、広告コピーの価値をちゃんと認識してもらいたいと。彼がこだわった最初のタイトルは「コピー1本で1000万円もらえる本当の理由」でした（役員会でボツになりました。そこまでもらえるわけねーし）。

なので、この本は自分のひとつの区切りとして、これまでの経験の中から、広告クリエイティブやコピーライティングについての考え方を整理したものでもあります。

僕の「クリエイティブ・コンサルティング」はしばらくの間、水面下でしか進めていなかったのですが、それでも多くの企業からご依頼をいただきました。

新キャラクター開発、新アイドルユニットプロデュース、新形態の健康食品事業立ち上げ、新事業領域開拓、など。実に新鮮で面白い話を多くいただいています。有り難いことです。

今後、コンサルタントとしての僕の仕事を支え、カタチにしてくれるのは、若いクリエイターたちだと思います。もしかするとこの本を読んでいるあなたに何か依頼することもあるかもしれません。

その時はぜひ僕を「喜ばせて」ください。

ここで謝辞を。

この企画を実現させてくれた宣伝会議さん、編集の佐藤さん。素晴らしい装丁をしてくれた寄藤文平さん、杉山健太郎さん。

いろんな助言をくれたnp. のパートナー米村浩、マネージャーの坂根舞。np. 広告学校の受講生たち。

今まで僕のクリエイティブ人生を支えてくださった広告主さま、広告会社さま、プロダクションさま、フリーの方々。改めて御礼を言わせてください。

そしてこれからもよろしくお願い申し上げます。

小霜 和也　こしも・かずや
Creative Consulting / Creative Direction / Copywriting

1962年兵庫県西宮市生まれ。1986年東京大学法学部卒業。
同年博報堂入社、コピーライター配属。1998年退社。
2014年現在、株式会社小霜オフィス　no problem LLC. 代表。
これまでの主なクライアントは、PlayStation、サントリー、
日本生命、キリン、クリナップ、宇宙航空研究開発機構、
Reebok、メガネスーパー、武田薬品、NTTグループ、
ファミリーマート、サントリーウエルネス、izumoden、Xbox、
HONEYS、Nissen、モエ・ヘネシー・ディアジオ、片岡物産、
POKKA、エスティローダー、TOYOTA、三井不動産、
三菱地所、Amazon、MTV、シャディ、東栄住宅、
愛・地球博 日本館、資生堂、KOSÉ、ハイネケン、ポルシェ、
東京ガス、明治製菓、DDIポケット、SONY、SONY Music、
SOTEC、intel、CASIO、日産自動車、TOTO、TBC、JAL、
キッコーマン、ハウス食品、TOKYO CITY KEIBA、
レミーマルタン、TDK、学生援護会、国際羊毛事務局、
オリンパス、押入れ産業、リクルート他多数。
広告賞受賞多数。

ここらで広告コピーの本当の話をします。

2014年11月1日　初版第一刷発行

著　者　小霜和也
発行者　東 英弥
発行所　株式会社宣伝会議
〒107-8550
東京都港区南青山5-2-1
TEL. 03-6418-3320（販売）
TEL. 03-6418-3331（代表）
URL. www.sendenkaigi.com
装丁　寄藤文平＋杉山健太郎（文平銀座）
印刷・製本　大日本印刷株式会社

ISBN 978-4-88335-316-3 C2063